中国智慧

与卓越管理

唐利民 尚长泉 李兵◎著

知识产权出版社
全国百佳图书出版单位

图书在版编目（CIP）数据

中国智慧与卓越管理/唐利民，尚长泉，李兵著. —北京：知识产权出版社，2018.7
ISBN 978 - 7 - 5130 - 5627 - 4

Ⅰ. ①中… Ⅱ. ①唐… ②尚… ③李… Ⅲ. ①管理学—研究—中国 Ⅳ. ①C93

中国版本图书馆 CIP 数据核字（2018）第 126138 号

内容提要

中华文明漫漫五千年，在传承和积累的过程中，祖先留传给我们无数隽永的管理智慧，这些管理智慧蕴藏在我们耳熟能详的巨著里、汉字中。本书通过"从团伙到团队——水泊梁山的管理智慧""三个和尚的管理学""说文解字话管理""管理者进化四个篇章，研究传统中国智慧与现代经营管理的内在联系，从博大精深的传统文化中萃取中国管理智慧之精华，切近现代经营管理的脉搏，总结出一整套值得现代企业家管理者借鉴的管理方略，融理论性、趣味性、操作性于一体，是一本运用传统文化之精髓发展企业软实力的实战圣经。

责任编辑：李　瑾　　　　　　　　　　　责任印制：刘译文

中国智慧与卓越管理

唐利民　尚长泉　李　兵　著

出版发行：知识产权出版社 有限责任公司	网　　址：http：//www. ipph. cn	
社　　址：北京市海淀区气象路 50 号院	邮　　编：100081	
责编电话：010 - 82000860 转 8392	责编邮箱：lijin. cn@ 163. com	
发行电话：010 - 82000860 转 8101/8102	发行传真：010 - 82000893/82005070/82000270	
印　　刷：三河市国英印务有限公司	经　　销：各大网上书店、新华书店及相关专业书店	
开　　本：880mm×1230mm　1/32	印　　张：7.5	
版　　次：2018 年 7 月第 1 版	印　　次：2018 年 7 月第 1 次印刷	
字　　数：200 千字	定　　价：45.00 元	

ISBN 978 -7 -5130 -5627 -4

前　言

　　改革开放四十年以来，管理学一直是一门显学，管理一直是一个高频词。林林总总的管理理论，层出不穷，目不暇接。不少人将管理学视为舶来品，将西方管理理论奉为圭臬。其实在中华文明漫漫五千年的传承和积累过程中，我们的祖先留传给我们无数隽永的管理智慧。这些管理智慧就蕴藏在我们耳熟能详的巨著里、汉字中。

　　这些年来，我们一直致力于研究中国传统文化与现代经营管理的内在联系，从博大精深的传统典籍中，萃取中国传统文化的精华与智慧，切近现代经营管理的脉搏，总结出一整套值得现代企业家借鉴的管理方略，对如何在现代管理中汲取并运用传统的中国智慧，发展企业软实力，具有极强的实践指导意义。

　　让我们拂去历史的尘埃，一起接受中华先贤留给我们的管理哲学吧。

目　录

从团伙到团队

——水泊梁山的管理智慧

在璀璨的中国文学史上，有两本鸿篇巨制，光耀古今，它们就是《水浒传》和《三国演义》。俗话说："少不看水浒，老不看三国"，但是有一类人，无论老少，对这两本书都必须"口咏其言、心惟其义"，奉为经典。这类人就是CEO。所谓CEO，即首席执行官（Chief Executive Officer），是企业中负责日常事务的最高行政官员，又称总经理、行政总裁或最高执行长。《水浒传》和《三国演义》分别讲述了一位CEO和三位CEO的兴衰史，是CEO的职业指南和进阶教程。按下曹操、刘备、孙权不表，今天我们共同探究一下：

为什么遍及京、津、川、湘、赣、苏、豫、冀、鲁、晋、蒙十一省市区的天下英雄，不约而同地投奔鲁西南贫困县——梁山？

为什么大海航行靠舵手，万物生长靠太阳，雨露滋润禾苗壮，梁山革命靠的是及时雨宋江？

宋江的一生，可以用六个词来概括：生于安乐、起于忧患、成于人格、赢于管理、败于改制、死于非命。生于安乐，是因为他托生于一个富庶的地主家庭，在那个封建社会，生于安乐，方才使得宋江在解决温饱问题的基础上，有追求政治前

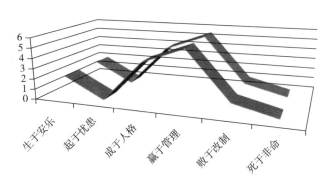

宋江的人生周期

途的可能。至于其他，我们会在下面一一交代。

起于忧患

起于忧患，说的是宋江在逆境中飞黄腾达。宋江出任梁山CEO，绝对算不上天经地义、命中注定，因为无论从自身条件还是从外部环境来看，宋江都面临着一系列内忧外患。那么，宋江的职业生涯到底面临怎样的严峻挑战呢？

一、个人因素

1. 武功

水泊梁山是一个"拳头论英雄，蛮力打江山"的世界。在这样一个世界里，宋江的武功实在让人难以恭维。在亡命天涯的路上，他路遇劫匪，不是"酥软了"，就是"抱作一团"，要不就是"下跪求饶"，可见宋江的武艺是"金枪银蜡头，中看不中用"。宋江手里的刀棒，与其说是兵器，不如说是道具——壮胆的道具。不过有一次例外，在揭阳镇上，宋江赏了卖艺为生的民间艺人薛永五两银子，惹恼了地头蛇穆春，穆春便拿宋江撒气。书中这样描写："那大汉提起双拳劈脸打来，宋江躲个过。那大汉又赶入一步来。宋江却待要和他放对。"这是《水浒传》全部120回中，宋江表现最为勇敢的一次，不仅没有求饶，还敢于"放对"，应该说，这是宋江唯一一次没让读者失望的单兵作战，可惜这么难得的一次机会还是让薛永的救局而搅黄了，宋江最终没能一展实力。第32回在孔太公庄上，宋江与武松不期而遇。他告诉武松说："恰才和兄弟相打的，便是孔太公小儿子。……到处叫他做独火星孔亮。""因他两个好习枪棒，却是我点拨他些，以此叫我做师父。"俗话说：名师出高徒。我们今天来个逆推理——用徒弟来称量师傅。就在宋武会面之前，武松刚刚与孔亮交过手，武松斗孔亮，"恰似放翻小孩子一般"。徒弟的拳脚如此这般，师傅的功夫可以想见。其实大家从一开始就不应该对宋江的武功寄予厚望，因为在第18回宋江出场时，施老先生是这样介绍宋江的："更兼爱习枪棒。"请各位注意其中两个字：一是兼，而不是专；二是爱而不是擅。换言之，宋江对于刀枪棍棒只是一种爱好，既非心无旁骛，更非身怀绝技。时下，大家喜欢用"粉丝"来形容公众对偶像的崇拜。比如，喜欢张靓颖的，美其名曰"凉粉"，喜欢李宇春的，美其名曰"玉米"，不一而足。那么根据这一命名规则，宋江喜欢大棒，换言之，宋江也是大棒的追捧者，所以我就送他一个外号——"棒子面"。本来棒子面是用来"笑熬糨糊"的，但是宋江这一碗"棒子面"却能笑傲江湖。

2. 智商

在"撞破天罗归水浒，掀开地网上梁山"的英雄中，文人屈指可数，能够舞文弄墨、赋诗填词者，更是少之又少，细细查来，除却吴用，只有宋江，竟然五首之多。特别是在浔阳楼，宋江留下一首著名的反诗，虽然差一点给他招来杀身之祸，但诗中还是表现出这位"愤青"的斐然文采："心在山东身在吴，飘蓬江海谩嗟吁。他时若遂凌云志，敢笑黄巢不丈夫！"这么看来，宋江一定接受过"九年义务教育"。但是他的智商委实算不得王中王，其他不表。

对于智多星吴用，宋江只能望其项背、自惭形秽。吴用的聪明才智，信手拈来：智取生辰纲、三打祝家庄、计赚金枪将、乔装闹华州，等等。

说实话，无论哪位军事家，与吴用生活在同一个时代，都是非常不幸的。读过《水浒传》的人总会生出这样的感慨：既生吴，何生宋？与智多星的耀眼光芒相比，宋江的才华黯然失色。宋江在军事指挥上一个经典败笔出现于兵打北京城。当时原大名府留守正牌军索超率部大败，"计点军兵，三停去一"。然而就在对方损兵折将三分之一、胜利近在咫尺的时候，宋江却"就槐树坡寨内屯扎"。关键时刻，还是吴用深谋远虑、高瞻远瞩："军兵败走，心中必怯；若不乘势追赶，诚恐养成勇气。"宋江这才传令，"连夜进发，杀奔将来"。

当然，作为梁山"马军、步军、水军"的三军总司令，宋江并不是一无是处、毫无建树。第88回辽国番军摆列太乙混天象阵，一向足智多谋的吴用这一回也是黔驴技穷，真的"无用"起来。危急关头，宋江梦玄女娘娘传与秘诀，取相生相克之理，按二十四节气，造雷车二十四部，令公孙胜布起风雷天罡正法。在一系列宋吴智力大冲关中，这是宋江唯一一次脱颖而出，出人头地。可惜的是，就这唯一能够让宋江增光添彩、扬眉吐气的计策，宋江还没有自主知识产权，因为所有这些，都是宋公明梦中得九天玄女授法所致。

3. 出身

关于宋江的出身，《水浒传》中自有交代：他父亲宋太公在村中务农，守些田园过活。看来他的成分可能是富农，最多是地主。这种成分在封建社会虽不算低，但绝对不算高。仅仅拿梁山好汉作比，从家族的血统来看，最高贵的无疑是柴进。第9回介绍说：他是大周柴世宗子孙。自陈桥让位，太祖武德皇帝敕赐与他"誓书铁券"在家。无人敢欺负他。柴进先人曾经尊为皇帝，出身高得不能再高。除了这位"太子党"，杨志乃"五侯杨令公之孙"，呼延灼乃"河东名将呼延赞嫡派子孙"，关胜"乃是汉末三分义勇武安王嫡派子孙"。几位都是名门之后，如果不是造化弄人，他们合该出入上流社会，是炙手可热的VIP。在以上四位的DNA图谱里，遗传基因肯定呈现出一种高贵品质的排列。

我们再从上山前的职务来看，林冲是东京八十万禁军教头，关胜是蒲东巡检，索超是大名府提辖使，秦明是青州兵马统制，黄信是青州府都监，董平是东平府都监，张清是东昌府都监，韩滔是陈州团练使，彭玘是颍州团练使，单廷圭、魏定国是凌州团练使，孙立是登州兵马提辖，花荣是清风寨武知寨，这些职务在古代均属于官的系列，而宋江只属于吏的编制。在中国古代，官是指朝廷命官，是需要经过科举、军功或世袭得来的，而吏却是官的雇佣人员，官是吏的主宰，吏是官的附属。

我们还可以从上山前的财富来看，北京大员卢俊义算得上梁山首富，在北京城里，吴用、李逵装作算命先生，"要银一两算一命"，引得围观者瞠目结舌，但一掷千金的卢俊义却道："既出大言，必有广学。与我请他来。"足见其富可敌国。如果胡润早产800多年，那么在大宋富豪排行榜上，卢俊义绝对能够跻身前十。卢俊义"要银一两算一命"，虽然有一点点烧包，有一点点充大头，但除了钱，他还有出类拔萃的武功，还有名闻遐迩的口碑。与卢俊义的万贯家财相比，宋家的几亩田园，就显得势单力薄，不足挂齿。因为宋家土地，皆处穷山恶水，没有任何的升值空间。

通过以上三个方面的分析，可以得知，无论是血统，还是官职，或是财富，宋江都不可与人同日而语。但恰恰是这种"高不成、低不就"的社会地位，让他有机会学会了中庸之道，也让他有能力与各个阶层保持良好接触，从而担当起"总揽全局、协调各方"的领导责任。

4. 资历

一百单八将中，宋江是随"第四方面军"上山的。和他同时新加盟梁山的一共有19位。王伦时代的杜迁、宋万、朱贵构成了梁山的"第一方面军"；晁盖时代包括雪夜上梁山的

宋江的出身

林冲、智取生辰纲的晁盖 8 位，构成了梁山的"第二方面军"；宋江杀惜吃官司，逃亡路上收服的花荣、秦明等 9 位也先于宋江抵达；这是梁山的"第三方面军"。宋江之所以没有随"第三方面军"上山，是因为宋清托石勇捎来宋老太公归西的假消息，让宋江不得不折身返乡，处理后事。莫道君行早，更有早来人。在宋江加盟前，梁山上已经荟萃 21 位精英。特别是晁盖、吴用、公孙胜、林冲等天王巨星，齐聚梁山。宋江是随着江州派、揭阳派等组成的"第四方面军"上山的。宋江第一次大驾光临梁山，一共有四十位头领出席了隆重的欢迎仪式。可想而知，如果论资排辈，那么宋江恐怕永无出头之日。

5. 相貌

黑三郎——宋江。

《水浒传》洋洋洒洒百十万字，施老先生却只用四个字来形容宋江形象：面黑身矮。到底是文坛巨匠，这四字堪与鲁迅描写祥林嫂眼睛所用的"黑少白多"四字媲美。惜墨如金，可能是宋江的形象实在对不起施老先生的笔墨，由此可见，宋江虽没有长得"违章"，但有损山东大汉形象。按照"海以斗量、人以貌相"的现代审美观，宋江恐怕不具备 CEO 气质。梁山上仪表堂堂者大有人在，比如第 12 回介绍的朱仝"身长八尺四五，有一虎须髯，长一尺五寸；面如重枣，目若朗星，似关云长模样，满县人都称他做'美髯公'"。美髯公的绰号已将朱仝的英俊跃然纸上；第 32 回介绍的郑天寿，"为他生得白净俊俏，人都号他做'白面郎君'"。无论与美髯公还是与白面郎君相比，宋江都显得"对不起观众"，套用一个网络词汇：青蛙。

但是上天总是这样公平地对待他的子民，他会让智叟为愚公扬名，让美丽给丑陋打工。因为梁山需要 CEO，而不需要超级男生。帅有何用？还不是被卒子吃了?!

二、组织因素

从组织的角度来考察，你会发现梁山是一个"剪不断、理还乱"的组织，其中的盘根错节，大体可以概括为四类。

1. 派系之争

梁山派系图

梁山员工来源纷繁复杂。一百单八将，上山理由各不相同，有的因为个人需要组织，有的因为组织需要个人。除却四大天王外，可粗略将梁山好汉分成元老、盟友、恩公、心腹、降将、技工、散客七大阵营。

元老系列。这个系列只有 11 人，属于声名显赫的人物：林冲、吴用、公孙胜、刘唐、阮小二、阮小五、阮小七、宋万、杜迁、朱贵、白胜。

　　盟友系列。这是人数最多的一个系列，高达40人，超过全部人数的三分之一强。结盟者指的是梁山先后接纳的大大小小"九山一川一镇"的头领，依次为：少华山的史进、朱武、陈达、杨春4位；桃花山的李忠、周通2位；二龙山的鲁智深、武松、杨志、曹正、施恩、张青、孙二娘7位；清风山的燕顺、王英及扈三娘、郑天寿4位；对影山的吕方、郭盛2位；白虎山的孔明、孔亮2位；黄门山的欧鹏、蒋敬、马麟、陶宗旺4位；芒砀山的樊瑞、项充、李衮3位；枯树山的鲍旭1位；饮马川的裴宣、邓飞、孟康3位；揭阳镇的穆弘、穆春、李俊、李立、张横、张顺、童威、童猛8位。

　　恩公系列。这一系列由对梁山发展壮大做出不可磨灭贡献的各界人士组成，包括卢俊义、柴进、李应、朱仝、徐宁、雷横、杨雄、石秀、解珍、解宝、孙立、乐和、杜兴、邹渊、邹润、朱富、孙新、顾大嫂、郁保四。共19人。

　　心腹系列。顾名思义，这个系列的人全部是四大天王的铁杆跟班，共5位。花荣、戴宗、李逵、宋清，属于宋江派，而燕青是硕果仅存的卢俊义手下，吴用、公孙胜组织观念牢固，不拉帮结派、不结党营私，所以没有培养自己的心腹。

　　降将系列。这一系列原本是朝廷军官，因战败而投降梁山。分别是：关胜、秦明、呼延灼、张清、董平、索超、黄信、宣赞、郝思文、韩滔、彭玘、单廷圭、魏定国、凌振、龚旺、丁得孙，共16人。其中关胜、秦明、呼延灼、张清四人算是降将头目。

　　技工系列。这个系列指的是有一技之长的专业人才，包括萧让、安道全、皇甫端、金大坚。共4人。

　　散客系列。这个系列全部由形单影只的独立人士构成，没有强大的后台。包括杨林、侯健、薛永、汤隆、蔡福、蔡庆、李云、焦挺、石勇、王定六、时迁、段景住。共 12 人。

当然，这种七分法，只是一个大概，不算严谨。譬如，林冲既可算梁山元老，因为他甚至先于晁盖的"第二方面军"到达梁山；也可算梁山的恩人，因为他火并王伦把梁山带入晁盖时代。但是对排位的影响，微乎其微，可以忽略不计。

但就是这样简单的分类，已经让人如坠十里云雾。所以梁山上的派系之争，可想而知。

2. 个人恩怨

梁山中最主要的人际关系表现为两大类。

一是沾亲带故类

梁山不少人沾亲带故。我们不妨简单列举一下梁山上几种主要的亲朋关系。

兄弟：宋江与宋清、张横与张顺、穆弘与穆春、童威与童贯、孔明与孔亮、朱富与朱贵、解珍与解宝、蔡福与蔡庆、阮小二与阮小五及阮小七，九组 19 人；

夫妻：王英与扈三娘、张青与孙二娘、孙新与顾大嫂，三组 6 人；

叔侄：邹渊与邹润，一组 2 人；

表姐弟：顾大嫂与解珍、解宝，一组 3 人；

表兄弟：徐宁与汤隆，一组 2 人；

亲家：花荣与秦明、乐和与孙立，两组 4 人；

结拜：戴宗与杨林、宋江与李俊、张清与鲁智深、鲁智深与武松、石秀与杨雄、樊瑞与项充及李衮；六组 12 人；

师徒：李忠与史进、林冲与曹正、秦明与黄信、侯健与薛永、宋江与孔明及孔亮、李云与朱富，六组 13 人；

师兄弟：卢俊义与林冲，一组 2 人；

同事：关胜与宣赞及郝思文、呼延灼与韩滔及彭玘、张清与龚旺及丁得孙、朱仝与雷横、单廷圭与魏定国，五组 13 人；

主仆：李应与杜兴、卢俊义与燕青，两组 4 人；

恩人：在共同的战斗经历中，好汉们万众一心，众志成城，表现出强烈的团队意识，舍己救人，举不胜举。即使上山结义之前，好汉们也曾屡屡出手，救苦救难，在这里我只简单罗列上山前几位见义勇为的英模人物：鲁达救林冲、宋江救晁盖等七人、朱仝救宋江及雷横、武松救施恩，等等。这种互助的动因，应该不是结义后情同手足的兄弟义气，而是"惺惺惜惺惺、好汉识好汉"的原始的、朴素的情感。

二是苦大仇深类

梁山好汉之间，既有亲友团，也有大冤家；既有恩同父母，也有此恨绵绵；既有恩人相见分外眼青，也有仇人相见分外眼红。

第 51 回朱仝落难沧州，知府将小衙内托付于他。没想到，为逼反朱仝，李逵竟然对未成年人实施暴力犯罪，"拿些麻药，抹在口里"，"头劈做两半"。由于李逵"忒毒些个"，朱仝发誓道："若要我上山时，你只杀了黑旋风。"后来李逵打死殷天锡，连夜回梁山。朱仝一见李逵，"怒从心里，挈条朴刀，迳奔李逵"。可见朱仝对李逵是恨得咬牙切齿——我不打得你满脸桃花开，你就不知道花儿为什么这样红。

朱仝说李逵"忒毒些个"，这话还有一位说过。第 34 回秦明被逼上梁山后，说了这样一句："你们弟兄虽是好意要留秦明，只是害得我忒毒些个，断送了我妻小一家人口！"看来，秦明对梁山也是爱恨情仇，冤家债主。

说完仇深，再表苦大。虽然没有不共戴天，但总是矛盾重重。比如，李逵胁迫李云、张顺胁迫安道全、薛永痛打穆春、武松痛打孔亮，等等，都曾经结过梁子，好在宋江成功开展团队沟通，方才使得一盘散沙凝聚成金刚钻石。

3. 强手如林

梁山先进生产力组合

劳动者	徐宁	秦明	关胜	呼延灼
劳动工具	钩镰枪	狼牙棒	青龙偃月刀	双铜鞭

梁山落后生产力组合

劳动者	曹正	李逵	解氏兄弟	陶宗旺
劳动工具	剔骨刀	斧头	钢叉	铁锹

没有人怀疑梁山好汉艺高胆大，身怀绝技。对于那些打杀技术，深层的玩钩镰枪、狼牙棒，贵族们玩青龙偃月刀、双铜鞭；而肤浅的玩剔骨刀、钢叉，穷人们玩铁锹、斧头。

大家发现没有，这里有一个有趣的现象：在梁山，高素质的劳动者往往使用高水平的生产工具，低素质的劳动者往往使用低水平的生产工具。这与马克思在政治经济学中告诉我们的生产力定义不谋而合：劳动资料、劳动对象、劳动者是构成生产力的三要素。劳动者和生产资料不仅要有机结合，而且要优化组合，各种生产要素才能获得较高的运转效率和较高的劳动生产率。梁山上，劳动者和生产资料呈现出近乎完美的对应关系，所以极大地解放和释放了梁山的生产力。你看，《水浒传》一不小心就会和经济学、管理学的经典原理相吻合。全书还有很多例证。这里返回主题。

这些面对面、点对点的打打杀杀，战术上如出一辙，都是赤膊上阵；结果上大同小异，都是白刀子进，红刀子出。除了这些惯于肉搏的好汉，梁山上还真的藏龙卧虎，有几位隔山打牛的世外高人。第 15 回公孙胜向晁盖自我推荐说："为因学得一家道术，善能呼风唤雨，驾雾腾云，江湖上都称贫道做入云龙。"第 59 回出场的樊瑞于"徐州沛县芒砀山中，新有一伙强人，聚集着三千人马。为头一个先生，姓樊，名瑞，绰号混世魔王；能呼风唤雨，用兵如神"。这些家伙擅长装神弄鬼，精于旁门左道。可以说，与人比，宋江的武功已是不及，与妖比，宋江的武功更是不及格。

4. 鱼目混珠

梁山队伍中的鱼目混珠，应该说俯拾皆是。只说一说普遍存在的四大流行病。

一是杀人如麻。

梁山好汉上山前基本上都有命案在身。比如，史进杀王四、李吉；鲁达杀镇关西；林冲杀陆虞候、富安；宋江杀阎婆惜；杨雄杀潘巧云；武松先是杀潘金莲、王婆、西门庆，后是在孟州杀张都监一家 15 口，酿成灭门惨案。梁山上有三位"超级女生"，顾大嫂、孙二娘、扈三娘。其中，孙二娘在十字坡卖人肉包子，这位"超女"看起来更像一位魔女。当然，他们的杀人动机，要么是报复杀人，以求自慰，要么是杀人灭口，以求自保，尚属事出有因，情有可原。然而好汉中残忍到没有人性的却独有李逵一人。对于这位革命闯将，历来好评如潮，或赞扬他的反抗意识，或喜欢他的率真天性，但我对这位好汉实在喜欢不起来，因为他是一头失控的江湖怪兽，这是我对他的整体印象。可以说他嗜血成性，面对黄文炳的活体，他"先从腿上割起。拣好的，就当面炭火上炙来下酒。割一块，炙一块。无片时，割了黄文炳，李逵方把刀割开胸膛，取出心肝"。面对李鬼的尸体，他"去李鬼腿上割下两块肉来，把些水洗净了，灶里扒些炭火来便烧。一面烧，一面吃"。李逵作战，可谓勇往直前，如入无人之境，但是却经常敌我不分，善恶不分，在毫无目标的板斧下也增添了许多冤魂。所以施老先生提醒大家，在靠近水泊梁山的寿张县，"若听得'黑旋风李逵'五个字，端的医得小儿夜啼惊哭"。能够成为治疗小儿夜啼症的偏方，足可见李逵的魔鬼本色。

二是欺行霸市

胆子最大的是雷横，他喜欢钱，勾结黑社会也无非是为了收保护费，再加上身为都头，平常习惯于吃拿卡要，比如，第10回在毫无证据的情况下，不问青红皂白，将刘唐列为犯罪嫌疑人拿下，在晁盖以刘唐之舅的名义保释后，雷横心安理得地收下晁盖十两银子——连乡长也敢敲诈，足见此人胆大妄为，缺乏职业道德。更为可恶的是，第51回他百无聊赖，到勾栏观看名角白秀英的表演，却一文不给，人家收取门票，他竟然发飙，殴打演职人员，最后将白大美人伤害致死。

《水浒传》中，各类黑恶势力最集中、最猖獗的当数揭阳镇。第37回李俊曾经大言不惭地跟宋江炫耀说："我这里有'三霸'"，"揭阳岭上岭下便是小弟和李立一霸，揭阳镇上是他弟兄两个（穆弘、穆春）一霸；浔阳江边做私商的却是张横、张顺两个一霸。"说真的，一个镇上，既有黑店主、盐贩子，又有镇霸、鱼霸，可想而知，这个镇的老百姓生活在水深火热之中。

三是色胆包天

英雄本"色"

名次	得主	提名理由
No. 1	矮脚虎王英	阵前性幻想
No. 2	九纹龙史进	出差逛青楼
No. 3	双枪将董平	抢亲弑岳丈
No. 4	小霸王周通	好色却不淫

看过《水浒传》的人都知道，梁山一百单八将，烧杀抢夺，无所不为。但绝大多数同志似乎将好汉与好色视作水火不容，面对女人的诱惑毫不动心。他们中许多人一生未婚，"要在江湖混，最好是光棍"。比如武松、李逵、燕青、石秀、鲁智深五人，从未近过女色。其中武松、石秀、燕青，更是身经"色雨性风"的考验，他们面对女色的凌厉攻势，岿然不动。武松、石秀面临的诱惑都是来自嫂夫人，而燕青面临的诱惑却是来自当朝圣上的情人——李师师，如果不是铁石心肠，燕青恐怕就成了皇帝的连襟。

然而，"一母生九子，九子各不同"，有几位梁山兄弟便非常好色，甚至不惜杀头风险，来满足自己。其中最为恶劣的是矮脚虎王英，他"原是车家出身，为因半路里见财起意，就势劫了客人"，可见此人贪财。但是王英千不该万不该的是贪色。二打祝家庄时，阵前出现了后来的梁山一枝花——一丈青扈三娘，王英居然对宋江说了一句话，雷了宋江半天："你们等一会，我先劫个色！"结果束手就擒。生死之时还念念不忘男女之事，好色到舍生忘死的程度。所以，梁山好色第一人当属阵前性幻想的矮脚虎王英。此外，出差逛青楼的九纹龙史进，抢亲弑岳丈的双枪将董平，好色却不淫的小霸王周通，在生活作风上，多多少少都存在着一些污点和瑕疵。

四是嗜赌如命

阮小五是个超级赌棍。第 15 回吴学究说三阮一节，小二去娘家寻小五，她母亲道："鱼又不得打，连日去赌钱，输得没了分文，却才讨我头上钗儿出镇上赌去了。"不务正业，抢夺老母亲的银钗去作赌资，可见阮小五深陷赌局，不能自拔。在梁山，赌徒绝对不是阮小五一人，出于对个人隐私的保护，其他同志就不公开点名了。

通过以上分析，我们可以推断，当时的梁山绝对是个"黑客帝国"。各位管理者手下可能或多或少都有一个或几个问题员工，但是宋江的手下全部是问题员工，而且全部是犯罪分子。那么宋江凭借什么，把一个犯罪团伙领导成卓越团队呢？

成于人格

宋江的成功，首先来自于他的个人魅力。这种非权力影响力在宋江身上集中体现为四种优秀品质。

1. 仗义疏财

第 18 回宋江出场，施老先生首先作了这样的推介："又且驰名大孝，为人仗义疏财"，"但有人来投奔他，若高若低，无有不纳"，"若要起身，尽力资助"，"时常散施棺材药饵，济人之急，扶人之困，以此，山东、河北闻名，都称他做及时雨。"这一段其实主要描写宋江疏财的一面。但实事求是地说，宋江疏财有两点疑问：第一，宋江缺乏疏财的资本。宋家富有，不容置疑，但所谓富有是有地缘因素和比较成分的，在鲁西南这个小码头称之富有，未必真的腰缠万贯。而宋江自己的收入又只有文书那份微薄薪水，能慷慨到哪里去？第二，宋江缺乏疏财的证据。在生辰纲事件以前，我们唯一可以确定的受惠人只有阎婆惜。但是，就这一次疏财，也旋即变质，受惠人变成金屋藏娇的小情人！宋江真正算得上疏财的只有一次，见于第 36 回，薛永在揭阳镇卖狗皮膏药，"有钱的捧个钱场，没钱的捧个人场。"谁知道没有一人出钱与他。发配途中的宋江见他惶恐，便叫公人取出五两银子来，说道："教头，我是个犯罪的人，没甚与你。这五两白银，权表薄意，休嫌轻微！"自己身在逆境，却能倾囊相助，可见宋江的疏财也不是浪得虚名。

但是，我更感佩宋江的仗义，特别是放晁和杀惜二事，让宋江声名远播、蜚声江湖。晁盖等人智取生辰纲，事发，"公安部"挂牌督办，发出 A 级通缉令，幸得宋江利用职务之便，泄露机密，晁盖等人才得以全身而退，躲避打击。等梁山事务稳定后，晁盖派刘唐给宋江送感谢信和慰问金，没想到阎婆惜发现宋江私通梁山，趁机要挟，念于对情人的感情，宋江第一次警告：宋爷很生气，后果很严重。可是小阎得寸进尺，宋江第二次警告：挡我者，砍头勿论。天负我，我就辟天为大；尔负我，我就辟尔为小！但是小阎不依不饶，这时候，宋江只好大义灭亲，亲手把情人加工成死人。

这是宋江的仗义，朋友的性命高于一切，包括情人的性命，甚至自己的性命。正是万事义为先，使他能够振臂一呼，而应者云集。第15回阮小五、阮小七说得好："这腔热血只要卖与识货的！"士为知己者死，看来，要做员工的CEO，首先要做员工的Friend。

对于企业，品牌可以救市，对于宋江，品牌可以救命！品牌是无形的，但品牌价值却是有形的！宋江的仗义疏财，使得他在江湖上有口皆碑。第35回宋江、燕顺在酒馆中巧遇石勇，由于互不相识，燕顺与石勇因为交换桌子发生争执。石勇说："天下只让得两个人，一个是小旋风柴进，一个是及时雨宋公明。老爷只除了这两个，便是大宋皇帝，也不怕他。"然而石勇万万没想到，眼前这位凡夫俗子，竟然就是传说中的宋江！

由此可见，宋江这个名号的品牌效应。甚至，这种品牌效应在关键时刻成为宋江的护身符和救命稻草。第32回宋江在清风山被捉，被小喽啰献与寨主做醒酒汤，就在小喽啰一只手向宋江心窝泼水，一只手向宋江心窝举刀时，宋江叹口气道："可惜宋江死在这里！"寨主燕顺大吃一惊，夺过尖刀，割断绳索，脱下枣红丝袄，裹在宋江身上，抱到虎皮椅上，唤过王矮虎、郑天寿，三人纳头便拜。从果腹之物到座上之宾，从阎王殿到观音庙，生死只在一步之间。可口可乐前总裁武德拉夫曾这样说：即使可口可乐在一夜之间化为灰烬，但是凭借可口可乐的品牌，就可以一夜之间东山再起。我一直以为这是武总裁的自欺欺人。曾经有一段至理名言摆在面前，我没有相信，如今宋江给我一个提醒，我要对武总裁说三个字：我相信！

2. 身先士卒

第41回梁山好汉劫法场，救出了宋江、戴宗。之后，29

位英雄白龙庙小聚会。其实，白龙庙小聚会是梁山历史上具有里程碑意义的重要会议，这一次会议为梁山找到一位未来的接班人——宋江。宋江的加盟，标志着梁山发展进入一个崭新阶段。白龙庙小聚会后，众好汉并没有立即上梁山，因为宋江启请众位好汉："再作个天大人情，去打了无为军，杀得黄文炳那厮，也与宋江消了这口无穷之恨。"其实对于是不是攻打无为军，当时的梁山老大晁盖有自己的想法："奸贼已有提备，不若且回山寨去，聚起大队人马……也未为晚矣。"然而这时候，宋江却出人意料地固执己见："若是回山去了，再不能够得来。"要知道，这时候宋江还不是梁山的企业员工，更不是梁山的企业领导，为什么敢于喧宾夺主、逆旨行事？我估计，一则出于报仇心切，二则出于试探人心。果不然，花荣首先表态挺宋，然后薛永又从城中找到在黄家打工的侯健，从而窃取了无为军的军事机密。于是宋江便亲自设计了里应外合、引蛇出洞的"斩首行动"，黄文炳的无为军全军覆没，他本人也成为众好汉的醒酒汤。应该说这是宋江第一次指挥作战，是远离本土的作战，而且是越俎代庖，指挥晁老大的部队作战，之所以能够险中取胜，和宋江的亲力亲为是密不可分的。

从这以后，宋江作为梁山领袖，他的勤政品质日益显现。

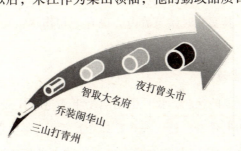

智取大名府
夜打曾头市
乔装闹华山
三山打青州

宋江革命史

三山打青州、乔装闹华山、智取大名府、夜打曾头市……在梁山历次重大而残酷的市场竞争中，宋江无不以身作则、率先垂范。即使在成为 CEO 之后，依然能够鞍不离马、甲不离身、御驾亲征，创造了"两赢童贯，三败高俅"的辉煌战绩。当然，对于宋江的身先士卒，不同的人有不同的解读。有人就说：宋江以一句"哥哥是山寨之主，不可轻动"的经典口头禅，剥夺了晁盖的兵权。其实不管宋江目的何在，我们眼见的事实是，伴随着一次次攻城略地，宋江也一步步功成名就。

正是由于卓然不凡、不言自威的个人魅力，宋江上山不久，便赢得了上上下下的普遍认同。

尽管他还没有成为梁山的主帅，但在第 58 回三山聚集打青州时，孔亮到梁山搬兵求援，宋江便引孔亮参见晁盖、吴用、公孙胜。晁盖道："今者，三郎和他至爱交友，如何不去？……愚兄替你走一遭。"宋江道："小可情愿请几位弟兄同走一遭。"言说未了，厅上厅下一齐都道："愿效犬马之劳，跟随同去。"宋江大喜。大家注意，厅上厅下一齐都道："愿效犬马之劳，跟随同去。"这种一呼百应证明了宋江此时在梁山的人脉。

宋江大喜，是因为这时候宋江已经胸有成竹：我不是一个人在战斗！其实这时候晁盖内心也有一句伤感：人心散了，队伍不好带了。我不做老大很快了！

3. 慈悲为怀

对于宋江的慈悲，我只引用两个事实进行比照。第 35 回花荣人等初上梁山。行至寨前第三关上，只听得空中数行宾鸿嘹亮。花荣寻思："晁盖却才意思，不信我射断绒绦，何不今日就此施逞些手段，教他们众人看，日后敬伏我。"……便对晁盖道："这枝箭要射雁行内第三只雁的头上。"花荣搭上箭，拽满弓，觑得亲切，望空中只一箭射去。但见：影落云中，声在草内。果然正中雁行内第三只，那枝箭正穿在雁头上。晁盖和众头领看了，都称花荣做神臂将军。自此梁山泊无一个不钦敬花荣。而在第110回，宋江亲征王庆，得胜班师，途经秋林渡。浪子燕青，初学弓箭，向空中射雁。宋江教唤燕青来，道："此禽仁义礼智信，五常俱备：空中遥见死雁，尽有哀鸣之意……此为仁也；一失雌雄，死而不配，此为义也；依次而飞，不越前后，此为礼也；预避鹰雕，衔芦过关，此为智也；秋南春北，不越而来，此为信也。天上一群鸿雁相呼而过，正如我等弟兄一般。你却射了那数只，比俺兄弟中失了几个，众人心内如何？兄弟今后不可害此礼义之禽。"燕青默默无语，悔罪不及。宋江有感于心，在马上口占诗一首："山岭崎岖水渺茫，横空雁阵两三行。忽然失却双飞伴，月冷风清也断肠。"宋江吟诗罢，不觉自己心中凄惨，睹物伤情。当晚屯兵于秋林渡口。

花荣射雁，晁盖大加赞赏，而燕青射雁，宋江却大发悲怜。由物及人，论仁义，宋江甚于晁盖。宋江的慈悲为怀，对于心灵饱受创伤的梁山好汉来说，无疑是一种弥补和修复。仁者无敌，这也是宋江成功的又一精神力量。

4. 智慧超凡

也许有人疑问：刚才说宋江智商平平，现在说宋江智慧超凡，不是自相矛盾吗？其实一点也不矛盾。智商是什么？是先天禀赋。而智慧是什么？是后天发挥。你可以轻视宋江的智商，但不可轻视宋江的智慧。

能够成为群龙之首，宋江一定有过人之处。在对影山，小温侯吕方、赛仁贵郭盛决定跟随宋江投靠梁山，"便将两山人马点起，收拾了财物，待要起身"，却被宋江及时制止，因为宋江担心树大招风：自己已经收服了清风山的燕顺、王英、郑天寿，清风寨的花荣以及黄信、秦明，贸然行事，恐怕会引起梁山的猜疑。于是说："假如我这里有三五百人马投梁山去"，"他那里倘或只道我们真是来收捕他，不是耍处！等我和燕顺先去报知了，你们随后却来。"由此可见，宋江的智慧不是体现为技术的智慧而是体现为管理的智慧。在一个现代企业中，技术人才与管理人才是两种角色定位，特别是在精英团队里，管理权威比技术权威更加重要。职业经理人是凭人力资本而不是凭货币资本、技术资本吃饭，职业经理人是运用个人管理才华而不是个人技术水平来承担法人财产的保值增值责任。

宋江的智慧最为淋漓尽致的表现，是成功地营造了"天降大任、舍我其谁"的神秘氛围。九天玄女授兵书、梁山石碣排座次，这些把戏，与其说是天意，不如说是人为。中国的造反起义者历来喜欢瞒天过海，对骗人把戏情有独钟，从"陈胜王"到"苍天已死，黄天当立"，洪秀全甚至宣称自己是上帝的小儿子。虽然在科学技术高度发达的今天看来，这些只不过是雕虫小技，只增笑尔，但在当时，却被牵强附会为权力的正统来源。除了充分利用天意，宋江还充分利用民意。初上梁山，宋江在开场白中这样介绍自己："街市小儿谣言四句道：'耗国因家木，刀兵点水工。纵横三十六，播乱在山东'。"你看，他巧妙地借助一首童谣来表明自己造反头子的身份符合民意，是民意选择的结果。上有天意，下有民意，这就为自己执掌梁山准备了必要而充分的合法性。

当然,在第69回宋江故伎重演,成功地解除了称王的宪法危机。在曾头市,晁天王中了史文恭的毒箭,含恨而死。临终留下遗言:杀史文恭者为梁山之主。试想,与武艺高强的梁山好汉相比,宋江能杀得史文恭?梁山上最不可能捕杀史文恭的,可能就是他宋江,这明摆着是晁盖不想让宋江继位。俗话说:人之将死,其言也善。晁盖的临终遗言不知道顺水推舟,这一点也看出来晁盖的性格缺陷。但宋江也未必想继承晁天王的衣钵,因为继位就意味着萧规曹随,那么下一步招安就会障碍重重。但出于梁山发展的考虑,宋江又必须坐上梁山之主的位子。如果他不顾晁盖遗言,强制登基,那么政权的合法性就大受质疑,梁山就面临着二度火并的风险。因此,他选择了卢俊义作为合作伙伴。设计让卢俊义上梁山,又设计让卢俊义杀史文恭。这样卢俊义就拥有了梁山 CEO 的合法资质,然而卢俊义走马上任存在三大障碍:

第一,群众基础。在上山前,卢俊义曾经口口声声地说要把梁山反贼个个绳捆索绑,因此他在梁山好汉中的人缘可想而知。第二,做人准则。卢俊义身陷囹圄时,宋江率兵营救,这是救命之恩,卢俊义从此对宋江心服口服,别无二心,做官可以将就,做人必须讲究。第三,从业资历。卢俊义是一百单八将中后几位加盟者,因此,无论从群众基础,还是从做人准则,或是从业资历来讲,卢俊义都不敢坐、不会坐、不配坐头把交椅。因此,第68回成功夺取曾头市后,宋江按照晁盖遗言,推举卢俊义为尊,卢俊义坚持不受。宋江便提出一个"尽天意"的方案——"梁山泊东,有两个州府,却有钱粮,一处是东平府,一处是东昌府。""今写下两个阄儿,我和卢员外各扯一处，如先打破城子的，便做梁山泊主。"结果，在吴用的帮助下，宋江先破东平，于是他顺理成章地成为梁山新盟主。但这一次是上天的选择，而不是宋江的强求，是能力的结果，而不是晁盖的传赠。这一切不仅为宋江称雄梁山扫除了选举的障碍，而且为宋江下一步推行组织再造、体制改革等，肃清了晁盖的残余影响。

在梁山，所有的人，都以梁山福祉为重，唯公明哥哥是瞻，因为宋江至大至刚，至圣至明，至真至善。

赢于管理

一、人才战略

管理学有句名言：小企业做事，大企业做人。在这方面，宋公明堪称天才。宋江初上山时，梁山人才总量不足、结构失衡、门类欠缺。要想实施人才战略，首先必须拥有战略人才。所以对宋江来说，人才引进乃当务之急。

宋江的人才引进战略具有两大显著特点：不拘一格、持之以恒。不拘一格，一方面体现为梁山的人才门类，除占山为王、打家劫舍的主体工种外，跨越了八业八界。八业：农业（庄园主史进、李应）、牧业（解氏兄弟）、屠宰业（曹正）、水产业（石碣村的三阮、扬子江的李俊、张横、张顺）、餐饮业（十字坡的张青、孙二娘、揭阳岭的李立）、博彩业（石勇放赌为生）、流通业（盐贩子童威、童猛）、制造业（侯健的制衣、凌振的制炮、孟康的制船）。八界：政界（柴进等）、军界（林冲等）、警界（江州两院押牢节级戴宗、刽子手杨

雄、蔡福)、宗教界(公孙胜是道家弟子、鲁智深是僧人)、
艺术界(萧让的书法、金大坚的制印、乐和的唱曲,还有李
忠、薛永等卖艺为生的民间艺人)、医学界(人医安道全、兽
医皇甫端)、体育界(燕青、焦挺擅长相扑)、金融界(神算
子蒋敬)。可以说,上到达官贵人,下到强盗小偷,无不在宋
江的指引下,八仙过海,各显神通,用一个个鲜活的案例,证
明了"天生我才必有用"的公理。不拘一格,另一方面还体
现为引进方式的多样性。既有自愿型,又有强迫型,既有威逼
型,又有利诱型,既有挟持型,又有拐骗型,方法不一而足。
持之以恒,体现在宋江的人才引进上,贯穿了梁山从小而大、
从大而强的全过程,可以说,宋江的成功,不是体现为消灭对
手的成功,而是体现为网聚高手的成功;梁山的发展,不是因
为敌人的缩小,而是因为自己的壮大。《水浒传》实际上就是
一部人力资源管理的教科书。

1. 爱才

关于宋江爱才,我们可以从武松的经历中略见一斑。武松
杀人潜逃至柴进庄上,一住一年多,开始还以礼相待,后因庄
客搬弄是非,柴进便对武松不冷不热。宋江初见武松,便拉住
他的手,同到后堂,邀他坐入上席。酒罢,留武松一处安歇。
几天后,亲自取银两替武松量体裁衣。送武松回乡时,一送就
是十数里——要知道,这个距离与梁祝的十八相送等量齐观。
柴进、宋江同以爱才如命,备受推崇。一个闻名河北、一个闻
名山东。两人待武松却有所不同,前者表现出官人之盛气,后
者却流露出手足之亲情。

宋江在江州结识李逵的情节,相信各位历历在目。第38

回，李逵上酒楼问戴宗："这黑汉子是谁?"戴宗先是责备他"怎么粗鲁，全不识些体面"，然后告诉他"这位仁兄，便是闲常你要去投奔他的义士哥哥"。李逵说："莫不是山东及时雨黑宋江?"戴宗喝道："你这厮敢如此犯上，直言叫唤，全不识些高低。"你看，李逵留给宋江的第一印象非常没品位，况且当时，武松属于阶下囚，李逵属于无名辈，均属人下之人，但却一无例外地受到宋江的敬重，反映了宋江爱才的拳拳之心。俗话说：吃得苦中苦，方为人上人，其实个人努力只是成功的一个方面，成功还有另一个方面——人际关系。所以请在座各位不要忘记另一句话：敬得人下人，方为人上人。

三打祝家庄的成功，有一个关键人物，那就是刚刚加盟梁山的孙立。第49回孙立禀报宋江："栾廷玉那厮，和我是一个师父教的武艺。""我们进身入去，里应外合，必成大事。"此话果然言中，滴水不漏的祝家庄因为商业间谍而滴水不留。因为庄园失守，作为祝家庄军事负责人的栾廷玉不知道是出于自责还是出于尽责，以身殉职，死于任上。对于他的死，宋江叹道："只可惜杀了栾廷玉那个好汉。"你看，即使竞争对手之死，宋江也扼腕悲叹，流露出招募的意向和怀柔的政策，因为宋江知道：人才是梁山的第一资源。没有人才的梁山就是一座荒山。

2. 尊才

整部《水浒传》中，我们没有发现一处宋江武打动作的描写，但全书却反复再现他的一套礼仪动作。这一套动作，基本上成为宋江的保留动作，甚至是标志性动作。这一套动作拆解后大体包括"一解绑、二让坐、三跪拜"三个动作要点。

这是宋江的必杀技。这一套动作每一个人都会做，但每一个人都不会做，会做是因为肢体活动简单，不会做是因为心理活动复杂。我们来看看宋江的经典表演：

第58回呼延灼兵败被擒，左右群刀手却把呼延灼推将过来。宋江见了，连忙起身，喝叫快解了绳索，亲自扶呼延灼上帐坐定。宋江拜见，道："小可……权借水泊里随时避难，只待朝廷赦罪招安……今者误有冒犯，切乞恕罪。"

面对所有的手下败将，宋江都是这一套动作，这一套说辞。我粗略做一个统计，宋江先后12次在降将面前纳头下拜，他们是彭玘、凌振、韩滔、呼延灼、项充、李衮、樊瑞、关胜、索超、卢俊义、董平、张清。

下跪、磕头、请罪、表态，李逵、武松这类粗人做不出来，晁盖、柴进这类贵人也做不出来，你做不出来，我也做不出来，但宋江却做得出来。这种自谦不是自卑，这种低调不是低贱，它极大地感化了降将、团结了各方、凝聚了力量，这就是宋江的 CEO 气质！

宋江对待降将的说辞，也极富沟通技巧，我们不妨作一赏析。

快解了绳索——这是赋予手下败将一个平等对话的权利。因为宋江知道，对于专业技术人才来说，尊严比生命更重要。

亲自扶呼延灼上帐坐定，宋江拜见——胜者王侯败者寇，王侯拜寇哪堪受？这会让对方受宠若惊的。

"小可宋江怎敢背负朝廷？盖为官吏污滥，威逼得紧，误犯大罪，因此权借水泊里随时避难，只待朝廷赦罪招安……实慕将军虎威，今者误有冒犯，切乞恕罪。"——落草梁山，实非所愿，你是风儿我是沙，你是警长想把我抓，虽然我们处于矛盾的对立面，但我们还是依存于统一性之中，还是有沟通的前提和共同的语言的。

"量宋江怎敢坏得将军性命？皇天可表寸心。"——这一句是让对方宽心，消除对死亡的恐惧感。但是反过来也是一种威胁。如若不从，刀下无情。

"将军如何去得？高太尉那厮，是个心地偏窄之徒，忘人大恩，记人小过。将军折了许多军马钱粮，他如何不见你罪责？"——友情提示，你把市场搞丢了，还回到老板那里，岗位一定保不住，脑袋不一定保得住。反正是不下地狱就下岗。你不下地狱，谁下地狱？

"如今韩滔、彭玘、凌振，已多在敝山入伙。"——利用从众心理，搬出降将来说服对方。

"倘蒙将军不弃山寨微贱，宋江情愿让位与将军。"——除了不杀之恩，你还欠我让位之情。

"等朝廷见用，受了招安，那时尽忠报国，未为晚矣。"——最后给对方一个光明的幻想。

你看，宋江的确是一位沟通大师，这些递进的语意，排山倒海一般，这些降将岂有招架之力？

正如呼延灼说的那样"被擒之人，万死尚轻"，在见到宋江之前他们已经设想了千式万样的死法，但就是没想到会受此大礼。他们的心理防线在顷刻间被摧毁，从而与宋江结生死之交，为梁山效犬马之劳，就如关胜那样"人生世上，君知我报君，友知我报友"。

3. 用才

第2回高俅逼走王进时有一段诗词：用人之人，人始为用。宋江就是这样一位用人之人。

理性的炒家选股时，非常强调成长性，理性的领导选人时，也如出一辙。宋江就是用发展的眼光，用成长性的标准来用人。在梁山，大力士无疑是"大盘股"，在英雄榜上中占据绝对的控股地位。然而这些人容易产生"同质竞争"，一旦"触顶"，必然因为上升通道的缺乏而后市乏力。相反，有一技之长的人，虽然不能完成"兵来将挡"的使命，但是面对战争任务的多样性，他们的潜力，一定会让用人之人收获一根"大阳线"。所以宋江非常清楚：绩优股里一样蕴藏着走低的风险，垃圾股里一样蕴藏着翻盘的能量。在宋江的人才库中，就有这样一批技术性的人才，比如萧让是书法专家，金大坚是篆刻专家，安道全是医生，皇甫端是兽医，段景住是相马专家，等等。在这一批攻击力不足而技术性有余的专业队伍中，时迁就是其中一只典型的潜力股。在祝家庄，石秀、杨雄双双脱险，独独他束手就擒，说明时迁的外家功夫，十分上不得台面。但是，时迁却有自己的独门技术，那就是轻功——飞檐走壁。

自病自知，对于信奉"蛮力打江山"的水浒世界，时迁无疑是自卑的。就在杨雄、石秀杀了潘巧云，无处可逃，相约上山之时，正在翠屏山盗墓的时迁现身了。当时时迁道："哥哥听禀：……因见哥哥在此行事，不敢出来冲撞。……跟随得二位哥哥上山去，未知尊意肯带挈小人否？"时迁的言谈举止，做小伏低，低三下四，由此可以窥视时迁的潜意识：相比于强盗，小偷地位更加低下，强盗是一个很有前途的职业。所以说，时迁的人生理想就是加入如日中天的梁山强盗集团，好比一个应届专科自费生，能够得到世界五百强的垂青，自然喜出望外，干劲冲天。

时迁对杨石二人是极尽能事地巴结，在祝家庄，他不仅主动为二人倒水洗脸、倒酒执杯，而且还趁店小二不注意，将报晓大公鸡宰而烹之，并且得意洋洋地摇尾乞怜，邀功请赏："把来与二位哥哥。"

对于单打独斗处于下风的时迁来说，宋江并没有拒之门外。谁曾想到，就在呼延灼铁锁横江，连环马杀得梁山屁滚尿流，连勇猛无敌的林教头也身负重伤之际，上天又给了时迁一次重新做人的机会——汤隆建议利用表哥徐宁的钩镰枪来破连环马，而请客的诱饵便是徐家的祖传宝贝——雁翎圈金甲，这相当于桃花岛的镇岛之宝、黄蓉的护身之物——软猬甲一般。

这个光荣的任务就历史性地落在神偷肩上，而时迁，从此开始了一段传奇人生！这就是我们经常从戏曲中欣赏到的经典的时迁式的迂回包抄：踩点—潜伏—吹灯—盗甲—出门—交货。炉火纯青，一气呵成！这一套动作既惊险万分，又妙趣横生，让人不由得拍案叫绝！

可以说，宋江能够收伏徐宁、呼延灼等好汉，时迁居功至伟。而后续的战斗经历让时迁的特长发挥到极致。

攻打曾头市，时迁和顶头上司戴宗负责踩点。戴宗只带回人所共知的敌情："见今曾头市口扎下大寨，又在法华寺内作中军帐，数百里遍插旌旗，不知何路可进。"而时迁却打入敌人内部："小弟直到曾头市里面探知备细。见今扎下五个寨栅。曾头市前面，二千余人守住村口。总寨内是教师史文恭执掌，北寨是曾涂与副教师苏定，南寨是次子曾密，西寨是三子曾索，东寨是四子曾魁，中寨是第五子曾升与父亲曾弄守把。这个青州郁保四，身长一丈，腰阔数围，绰号'险道神'，将这夺的许多马匹都喂养在法华寺内。"你看，时迁连郁保四的身高、三围都摸得一清二楚。时迁的了如指掌，比之戴宗的大而化之，简直不可同日而语！

在蓟州，时迁、石秀潜伏进城，放火为号，引导总攻。此时的时迁，作为信号兵，一共放了宝塔、佛殿、山门三把火，其中宝塔之火"火光照得三十余里远。"而石秀只是在政府大楼前放了一把火。石秀放火数量不及时迁，放火质量也不尽如人意。

在方腊的昱岭关，卢俊义率部，损兵折将，史进、石秀等6人不幸阵亡，关键时刻，还是时迁，摸上关头，先放火，后放炮，在敌人方寸大乱之际，又虚张声势："已有一万宋兵先过了关，汝等急早投降，免汝一死。"时迁的攻心战术，确保了昱岭关争夺战的大获全胜。可以说，没有时迁，这场可以写进军事案例的战役就不可能胜利。

宋江大军破了方腊，时迁在返回途中却因绞肠痧发作而亡。能够在九死一生的战场安然无恙，最终却因为急性阑尾炎而丧命，不禁让人悲天悯人：上天不公，无过于此！

在梁山好汉排名中，时迁的地位，和叛徒白胜、盗马贼段景住，位列最后三席。因为梁山信奉的是强盗逻辑，在强盗的逻辑里，小偷和叛徒始终是可耻和不可信任的，哪怕一次污点，也永远洗脱不净。时迁是这样一位生活在梁山底层的人，从来没有进入梁山的主流，但是我们难以忘记一个身手敏捷、胆略过人、有勇有谋的神偷形象。时迁的人生追求就是摆脱"小偷"的骂名，依托在一群无所不为的强盗中实现人格的升华，而宋江恰恰给他一个这样脱胎换骨的机会。

时迁时迁，时过境迁！但是对于时迁来说，永远过不了、迁不走的是对伯乐宋江的感恩戴德。如果没有宋江不拘一格用人才，时迁就永远是个小偷，而不是梁山好汉！

说到宋江的用人，我们不得不感佩宋江的肚量。不知道大家注意没有，作为 CEO 的宋江，先后被燕顺做过肉汤、被黄信关过囚车、被穆春砸过拳头、被张横逼过跳水、被戴宗要过例钱、被张青扔过石头，虽然他们都曾对宋江大不敬，或者敲诈，或者绑架，或者殴打，但宋江不计前嫌，往日他们对宋江施以拳脚，今日宋江却让他们施展拳脚。正因为如此，这些人才死心塌地，唯命是从。

其实，这些人都有一个特点：不怕被利用，只怕没人用。一百单八将，禀性不同，趣味各异，而宋江就是一百单八将的黏合剂，更是这个超级 PC 中不可替代的超级 CPU！"渡尽劫波兄弟在，相逢一笑泯恩仇"，这就是宋江的肚量，这就是CEO 的胸怀！

人才是企业成功之本。Google 为吸引人才，在微软西雅图总部门口设立招聘点，足见人才争夺之残酷。台湾 IT 教父施振荣创建了"泛宏碁"，造就了全球少有的企业家群落。这一切充分说明：识人、用人是一门艺术。而刘邦、李世民、宋江就是这门艺术在中国历史的一脉相承。宋江同志堪称"人才艺术家"。

4. 育才

完成对祝家庄的艰苦并购后，梁山这个"暴发户"终于坐拥雄厚资本。这时候，宋江清醒地认识到，在现代化大生产的条件下，梁山的职工队伍存在着明显缺陷：队伍素质偏低，习惯于初级技术、落后技术甚至手工劳动。李逵一把铁锹闹革命，是不是落后技术？焦挺相扑打天下，是不是手工劳动？难以驾驭现代化的生产工艺，低素质的劳动力不可能支持高质量的经济运行，于是他提出"引进精英，进行主流化改造"的方案。对于梁山来说，精英来源大体分为两类，一类是大大小小山寨的加入，他们对梁山的发展，主要体现为量变的积累，当然，不可否认，这些新加盟的队伍中，也有史进、武松、鲁智深这些业界富有影响力的重量级人物。另一类是前前后后官员的反水。在梁山主流化改造中发挥主导性作用的，是龙子龙孙的柴进、呼家将的传人呼延灼、关羽的后代关胜、禁军金枪班教师徐宁、河北三绝的卢俊义，等等。只要细算一下宋江的龙虎榜，就会发现，梁山的核心管理干部，到后来居然脱离了农民阶级的属性，前20名无一白丁，基本上都来自精英阶层。

在梁山，武松的拳、李逵的斧、林冲的枪、三阮的水、吴用的计……举世无双。但手下喽啰却是乌合之众，所以在"引进精英，进行主流化改造"的过程中，宋江坚持以产业工人为重点，大力发展各个层次的人才培养和开发，对职工的终身教育、职业教育常抓不懈，加快劳动力的现代化。《水浒传》第20回、第44回、第74回中，都有诸如"每日在山寨中教演武艺，操练人马，令会水者上船习学"的岗位练兵记录。不仅如此，宋江还首开"导师代徒"的先河。

第60回芒砀山中混世魔王樊瑞呼风唤雨，宋江胜之不得。公孙胜看见山中青色灯笼，认定必有行妖之人，于是效仿诸葛亮摆石为阵，一举破了樊瑞的魔法。在樊瑞归顺梁山后，"宋江立主公孙胜传授五雷天心法与樊瑞"。第117回宋江在睦州遭遇劲敌包道乙、郑彪师徒。这位包道乙饱学左道之法，使一口玄元混天剑；这位郑彪，也是法术在身，一旦上阵，必有云气相随，因此人称郑魔王。王英、扈三娘就双双死于郑彪枪下；武松也为玄元混天剑所伤，断了左臂；李衮、项充均被这师徒俩乱箭射死、剁作肉泥。可见对方实力不凡。然而关键时刻，宋江唤樊瑞作法，结果砍郑彪于马下。我想，樊瑞之所以取胜郑彪，完全是公孙胜春风化雨，教导有方。郑魔王高一尺，樊魔王高一丈，而公孙胜却法力无边。所以，导师代徒对于梁山的技术普及和技术升级起到了巨大的促进作用。

第69回宋江领兵打东平府，原东平府兵马都监董平带领三军，出城交战，宋江阵前喝道："量你这个寡将，怎敢当吾？……我手下雄兵十万，猛将千员！"你看，此时宋江手下已有猛将千员，除去百八个中层管理者，新增技术骨干近千人，百把个高级工程师，带出千把个高级技师。这就是宋江的人才复制。当然你可能认为，宋江这是诈阵，夸大其词，但是宋江说的雄兵十万，和燕青、和皇帝的说法如出一辙，这在后文中我会讲到。所以说，宋江的说法是有事实依据的。

群贤毕至，少长咸集。积极的人才引进和人才培养，为梁山的做大做强，提供了充足的人才储备，使得宋江"科技立山、科技兴山"的发展战略，得以顺利实施。

在大大小小无数次的战争中，有两次由于竞争对手拥有无可比拟的高科技，而让宋江吃尽苦头、刻骨铭心。一次是第52回兵打高唐，高唐知府高廉指点三百神兵，杀得宋江众头领尽都逃命，宋江不得不依靠公孙胜的一家道术，方才侥幸取胜。另一次是第55回，呼延灼布下连环马，宋江的水寨折其大半，最后宋江引进钩镰枪技术，方才挽回败局。在这两次高科技的现代战争的教训中，宋江强烈地认识到：科技是梁山的第一生产力，更是梁山的第一生存力。没有现代化的技术，就没有现代化的企业。虽然目前梁山经济总量出现跳跃式增长，但是这种增量基本上依赖于源源不断的生产要素特别是劳动力要素的投入才得以实现，可以说梁山经济发展的动力主要是劳动力驱动。必须优先发展梁山的产业技术——打劫技术，提高科技进步对梁山经济增长的贡献率，使第一生产力真正发挥第一作用力，从而转变经济发展方式，实现科学的发展速度和优秀的发展质量相统一。具体讲，就是要在传统的经济拉动力——劳动力拉动力的基础上，把产业技术的升级作为发展的"第二极"。

在斗法神兵阵、大破连环马之前，梁山习惯于通过拼人力的方式，实现扩大再生产，而在这两次市场竞争中，梁山实现了高科技条件下的市场兼并，这标志着梁山开始从劳动力密集型向劳动力技术密集型转型。

梁山的技术进步，在宋江的主导下，得以重视和实现。对梁山核心竞争力的形成、提升起关键作用的有两位，第一位是公孙胜。他用自己深不可测的道法，先是芒砀山降了樊瑞，后是五龙山收了乔道清，从此宋江营中便有了"呼风唤雨、撒豆为兵"的梁山空军，这是"取胜于缥缈之间"的核心技术。第二位是凌振。宋江先是诱捕凌振，化解了地对地、地对空导弹对梁山的威胁。然后充分利用这一独有技术，建立战略导弹部队，司令就是这位"轰天雷"，并投放到外部市场。这是"歼敌于百里之外"的核心技术。第 117 回，在南征方腊时，如果不是凌振放起一个轰天炮，一个火弹子正打中包天师，把他炸回了石器时代，那么宋江是拿不下睦州的。纵观梁山发展，我们可得到一条结论：没有独有技术，只能被动地死守市场，只有高附加值的优势技术，才能走出去引领市场。对于外部市场，应该以技术输出而不是劳务输出为主导，以优势技术的高附加值，来平衡市场运作的高成本。优化我们的技术结构，就可以优化我们的市场结构。

当然从战术角度来考察，运动战、游击战是梁山的优势技术。但是招安之后，梁山经历的战争全然不是本土作战时的成熟战术，对手不是祝家庄，方式也不是单打独斗，全是阵地战、兵团战。然而梁山集团缺乏这样的核心技术，以己之短，安能胜人之长？所以梁山的失败，一定程度上是梁山的核心技术没有能够与时俱进、完成产业技术高级化所决定的。梁山也以其血淋淋的教训诏示我们：技术创新，永无止境。

二、组织设计

我们先来简要回顾一下梁山的组织沿革和人事变动。

王伦时代，由于企业规模小，梁山采取非常简单的组织设计。杜迁、宋万、林冲负责山寨事务，朱贵在李家道口开酒店，负责情报信息。

晁盖时代，吴学究做军师，公孙先生掌兵权，林教头等共管山寨。这一阶段梁山组织机构没有质的变化。

晁宋共同执政期间，梁山的组织、人事先后四次变革，主要原因是持续的人才流入。

第44回吴用曾经代表晁宋公布一份任免书，这一次机构变化的最大特点是增设三处酒馆。

第47回的变化就是新到的孟康顶替马麟管制战船。这是用人之长的选择。

第 51 回进行大规模调整。这一次大调整是由宋江主导的。这一点需要特别注意。施老先生这样写道，"且说晁盖、宋江回至大寨聚义厅上，起请军师吴学究定议山寨职事。吴用与宋公明商议已定。"大家看到没有，只是吴用和宋江两人商议决定，根本没有晁盖的参与。所以说，三打祝家庄得胜之后，梁山已经"潜入"了"宋江时代"。之所以说"潜入"而不是进入，是因为这时候梁山的法人代表还是晁盖。

第 58 回的调整主要是安排汤隆提督打造军器，侯健管做旌旗袍服。这是梁山上第一次成立"总装备部""总后勤部"两大机构。汤隆负责武器制造，侯健负责劳动保护。

晁盖攻打曾头市与世长辞。宋江开始独立执政，宋江时代先后两次对组织人事进行大规模调整。

第一次是第 60 回。宋江言道："如今山寨，人马数多，非比往日"，"前后左右立四个旱寨，后山两个小寨，前山三座关隘，山下一个水寨，两滩两个小寨。""忠义堂上，是我权居尊位。"这次调整把宋江的寨主地位写进章程，这是宋江组织设计和人事安排的 XP 版本。

第二次就是著名的第 71 回忠义堂石碣受天文，梁山泊英雄排座次。这是宋江组织设计和人事安排的 VISTA 版本，也是终级版本。通过这个版本，我们可以得知，宋江的用人表现出高度的原则性。下面，对于这次调整我们作一选择性解读。

"财政部部长"——蒋敬，首席财务长 CFO。蒋敬号称神算子，高考落榜，但精于算账，所以负责掌管库藏仓廒，支出纳入，积万累千，书算账目。

"建设部部长"——陶宗旺，主要是利用他"原是庄户出身，修理久惯"的专业技能，负责掘港汊、修水路、开河道、整理城垣，修筑山前大路。换言之，就是负责固定资产投资。

"办公厅主任"——萧让。此人与政治无关，相当于学社的负责人。负责建立梁山的公文系统，设置寨中寨外，山上山下，三关把隘许多行移关防文约，大小头领号数。

"医院院长"——神医安道全。专治诸疾内外科医士。

"军马场主任"——皇甫端。专攻医兽一应马匹。

以上人等，身怀一技之长。由此可见，宋江在用人上绝对坚持"用人不疑，疑人不用"的原则，哪怕像财务这种要害部门，固定资产投资这种重点岗位，仍然坚持选拔、使用专业技术人才，而没有去平衡关系。这是宋江用人的可圈可点之处。

除了高度的原则性，宋江的用人还表现出精湛的艺术性。我们看两个人的岗位。一是"礼宾司司长宋清"，负责接待。很多人认为，宋清百无一能，就知道"酒食口腹之事"。其实不然，"大碗喝酒，大块吃肉"是很多江湖草莽上梁山的一大理想，这是关系到梁山民心、军心的头等大事。宋清是宋江之弟，让宋清来安排梁山生活，自然能够让宋江拥有更加旺盛的人气。二是"公安部部长"杜迁。这值得所有做并购的企业琢磨和借鉴。关于杜迁，《水浒传》是这样做的岗位说明书："山前设置三座大关，专令杜迁总行守把，但有一应委差，不许调遣。早晚不得擅离。"这个任命来得蹊跷。论才能、论本事，杜迁绝对没有资格坐此高位。但是，杜迁是梁山资格最老、出道最早的两个创始人之一，王伦、杜迁是梁山的"开山鼻祖"，连宋万、朱贵也是半路出家，因此他过的桥比晁宋走的路都多，对于后辈是一种无形的约束；政治上，他也没有什么特别渊源，立场中立；阅历上，见识过林冲火并王伦的场面，知道不同派系上山时，很容易"擦枪走火"。因此，他把守这个关口，目的不是防官军，而是防内讧。当年太平天国天京事变，东王杨秀清、北王韦昌辉、翼王石达开，自相残杀，大伤元气，就与太平天国组织设计缺陷有关。而许多企业在并购之后，内耗不断，祸根都出在组织结构的设计上。

从梁山的组织变革和人事变动中，我们可以发现：

1. 宋江采取了扁平化的直线职能型组织结构

我们不妨对宋江设计的梁山组织进行一下解剖。

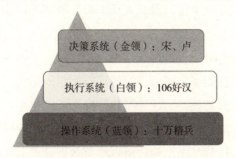

梁山管理层级图

从管理层级来看，梁山采取了三层结构：第一层是宋江、卢俊义构成的决策系统；第二层是由其他 106 位好汉组成的执行系统；第三层是由号称十万精兵的小喽啰组成的操作系统。

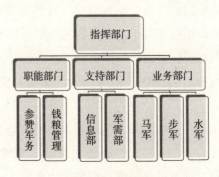

梁山管理幅度图

从管理幅度看：梁山设立了参赞军务、钱粮管理等职能部门，信息部、军需部等支持部门，马军、步军、水军三个业务部门。

在组织结构的设计上，古今中外所有的管理者都不可避免地碰到一个左右为难的选择——管理层级与管理幅度之间的此消彼长。那么宋江又是如何将二者和谐统一于梁山集团中的呢？那就是：通过清晰有效的授权机制将决策点前移。

比如，在马军中，设立五虎上将、骠骑先锋、小彪将探马等三种权限。

由此我们可以得出两条结论：

第一，梁山率先实行了直线职能型组织结构。

组织学告诉我们：这种结构按照职能来组织部门分工，设置相应的管理部门和管理职务。当企业只有一种或很少几种产品时，采取这种组织结构，可以更有效地开发和使用技能，提高工作效率。梁山的市场或者产品单打一，就是打劫。所以宋江没有追求时尚，采取诸如矩阵式的复杂组织结构，显然这是从实际出发，实事求是的。直线职能型组织结构的构建，使得梁山既保证了高度统一的指挥，又发挥了各类专家的特长。国际上对于职能型结构有一个别称——"法约尔模型"，因为大家公认这种组织结构起源于上世纪初法约尔在其经营的煤矿公司担任总经理时所建立的组织结构形式。依我看，法约尔一定研究过《水浒传》英文版，他的创造灵感很可能抄袭了宋江的管理才华。

所以我建议：正本清源，返璞归真，把职能型组织结构，改称为"宋江模型"。因为"法约尔模型"实质是"宋江模型"的海外版，或者说，是梁山模型的山寨版。

第二，梁山率先采取了扁平化的组织结构。

这又是一个让我们大跌眼镜的发现，足以颠覆弗兰克等一批现代管理权威。

梁山作为一个十万计的特大型企业，从小喽啰到 CEO，一共只存在三个管理层级，扁平化带给梁山的，就是对决策的快速执行、对市场的迅速反应。试想一下，在这样一种组织结构中，CEO 一声令下，马上就会转化为十万之众的共同行动，这种组织效率是多么惊人、多么可怕！所以，在历次战斗中，梁山队伍无不体现出雷厉风行、速战速决的组织效率，可以说整部《水浒传》都是这种组织效率的写真和实录。这种效率，归功于宋江超越历史的管理智慧。

请牢记宋江的教导：减少管理层级，缩短决策链条，增强横向合作。扁平化是提高组织效率的必由之路！

2. 宋江成功地实现了决策权、执行权、监督权的三权分立

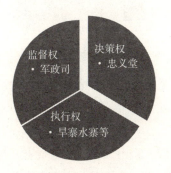

梁山治理结构图

第47回宋江抚谕杨雄、石秀时曾经交代一个细节："新近又立了铁面孔目裴宣做军政司，赏功罚罪，已有定例。"这一段明白无误地告诉我们：这时候已经成立了梁山"纪委监察部"，对勤政、廉政进行专门的监督。

这一机构后来果然派上用场。第 73 回伪宋江糟蹋民女，李逵不辨真伪，找真宋江理论。两人争执不下，李逵以头作赌，这时候，宋江便叫裴宣立下军令状，然后两人下山找当事人对质。结果是李逵承认错误并接受惩罚。裴宣能够仲裁宋江与李逵的矛盾，表明梁山已经出现独立的司法权力。

由此可见，宋江一直致力于建立"高效运作、有效制衡"的组织体系，并最终形成了董事会履行"科学赋权"职责、职能部门履行"正确用权"职责、专门机构履行"充分督权"职责，决策权、执行权、监督权三权分立的治理结构。

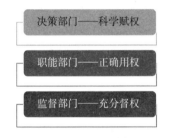

3. 宋江高度重视信息化建设

注重信息化建设，体现为情报系统的大扩张——酒店由一家发展为四家。信息的重要性可以从信息的内部分享上看出来，四家酒店中，历史最久的东山酒店，仍由晁盖系朱贵掌管，其余三家酒店，均由宋江系亲信负责。在三打祝家庄战役中，石勇的北山酒店，接待了前来投奔的孙立集团，而被石勇截下，孙立等人没有立马上山面见晁盖，而是直接投入宋江的战斗队伍。试想一下，如果他们来到东山酒店，也许朱贵就会立刻送其上梁山，孙立集团也许就将成为晁盖系的人马。可见，如果没有酒店这一情报系统，梁山就会失聪失明，就会成为瞎子聋子。

在一个农业文明的时代，能够如此重视和加强信息产业建设，足见宋江的高瞻远瞩。

三、分配方式

关于梁山的分配方式，最早出现在第 15 回吴学究说三阮一节。当时梁山还是王伦执政。阮小五对梁山有过一段经典的描述：他们不怕天，不怕地，不怕官司，论秤分金银，异样穿绸锦，成瓮吃酒，大块吃肉，如何不快活！这样的话后来分别在第 34 回燕顺劝秦明、第 43 回朱贵劝李云、第 44 回戴宗劝石秀中，反复出现。解读这一段话，我们可以得出两点结论：第一是关于梁山的生活方式，异样穿绸锦，成瓮吃酒，大块吃肉，如何不快活！这种生活方式在当时生产力水平下，无疑是奢华的。这是好汉们，特别是草根一族梦寐以求的，所以具有强烈的吸引力。第二是关于梁山的分配办法。"论秤分金银"，这五个字，言简意赅，包涵两层含义：第一层含义，金银是当时梁山的薪酬支付形态。在梁山，肯定存在大量的实物形态的分配，如食物、衣服等。但是存在一个问题：实物形态的分配肯定会充分考虑供需平衡，就是你需要多少我供应多少，在集中食宿的情况下，没有人会做过多的储备——大家想想，谁会在公共食堂里存粮食？由于梁山异样穿绸锦，成瓮吃酒，大块吃肉，说明梁山的实物供给是充沛的，在充沛的实物供给下，每一个人的实物消耗也不会存在太大差异。因此，这种分配主要是按人平均分配。在一个充满竞争的组织中，这种大锅饭式的分配只能作为绩效分配的补充，否则将会严重挫伤员工积极性。所以宋江把当时的流通货币——金银作为薪酬的支付形态，以体现工作绩效。第二层含义，对于金银采取的分配办法是"论秤"。论秤不是论堆，精细计量，确保公平。当然论秤的背后是论功，每一个人多少金银，是由每一个人多少功劳所决定的。这种"多劳多得、少劳少得、不劳不得"的分配方式，充分体现了员工的价值。

通过以上解读，我们可以获知：梁山的分配制度是"突出绩效、兼顾公平、货币分配为主、实物分配为辅"，这种分配制度即使在现在看来，也是比较科学的，既保持了稳定，又实现了激励。

在分配问题上，最值得我们学习和效仿的是宋江懂得分享。每当买卖有所收获时，首当其冲，便是论功行赏，按照各人贡献，将利润进行公平分配。《水浒传》120 回，从来没有一个字讲到宋公明多吃多占，中饱私囊。宋江貌不惊人，文不能中举，武不能提枪，却将梁山一干强盗治得服服帖帖，原因很简单：宋江这样的领导人，不会让大家吃亏。按经济学家的说法，就算是有人不服他，出于个人利益最大化的考虑，也会选择宋江。

作为领导者，一定要懂得与他人分享。只有分享，才有聚合。这是宋江成功的一条重要启示。新东方的俞敏洪曾经做过一个形象的比喻：你有 6 个苹果，一定要把 5 个送给别人，当你给别人的时候，你并不知道别人能给你什么，但是你一定要给，因为别人吃了你的苹果，等他有了香蕉，一定会送你。最后，你得到的水果总量可能不会增加，还是 6 个，但是你生命的丰富性成倍增加，你看到了 6 种不同颜色，品到了 6 种不同味道。更重要的是，你学会了在 6 个人之间进行人与人最重要的精神、思想、物质的交换，这种交换能力一旦确立，你在这个世界上就会不断地得到别人的帮助。所以，管理者一定要学会"把窝窝头掰开大家吃"。

这是一条不可抗拒的生存法则："财聚人散，财散人聚。"所以请各位牢记：算大账的人做大生意，做大生意人；算小账的人做小生意，做小生意人。

四、激励机制

管理学上有一个经典理论，这个理论于 1943 年出版的《人类动机》一书中首次面世，备受企业家推崇。这个理论就是需求层次理论，这个理论为亚伯拉罕·马斯洛赢得了包括美国社会心理学家、人格理论家、比较心理学家、人本主义心理学的主要发起者和理论家、心理学第三势力的领导人等一系列显赫头衔。其实，大家可能难以置信，需求层次理论的第一实践者是宋江。我们不妨作个全面分析。

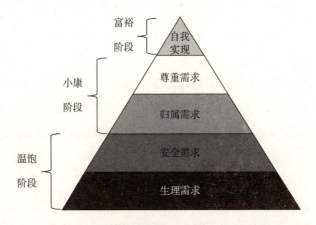

马斯洛需求层次模型

需求层次理论把人的需求由较低层次到较高层次，依次划分成生理需求、安全需求、归属需求、尊重需求和自我实现需求五大类。我们看看宋江分别是怎样满足员工层次需求的。

1. 生理需求

生理需求是人类维持自身生存的最基本要求，包括衣、食、住、"性"等方面的要求。在生产力并不发达的宋代，生理需求更是推动人们行动的最强大的动力。因此在梁山，宋江一直把满足生理需求作为激励员工的重要手段。

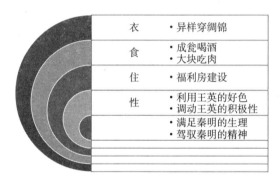

衣	• 异样穿绸锦
食	• 成瓮喝酒 • 大块吃肉
住	• 福利房建设
性	• 利用王英的好色 • 调动王英的积极性
	• 满足秦明的生理 • 驾驭秦明的精神

衣：异样穿绸锦；

食：成瓮喝酒，大块吃肉；

住：宋江绝对心知肚明一个道理："没有爱情的婚姻是不幸福的，没有房子的婚姻更不幸福。"所以，职工福利房建设是梁山另外一个重要的激励手段。梁山集团的安居工程有明文记载的共有四期。一期工程在王伦时代完成；二期工程是在第20回晁盖等英雄上山后，吴用道："我等且商量屯粮造船，制办军器，安排寨栅城垣，添造房屋。"添造房屋，就是建造职工住宅；三期工程是在第41回，宋江智取无为军后，率众好汉回到梁山，梁山一下子增加中层管理人员19名，于是"晁盖教向山前山后，各拨定房屋居住；山寨里再起造房舍，修理城垣"。估计这一次新建住房的型号应该是 80A 型，因为这时候，梁山还没到达巅峰，按照管理员人数和职工在册人数，级别也就是个处级；第四期工程是在第 60 回"宋江见山寨连添了许多人马，四方豪杰，望风而来；因此叫李云、陶宗旺监工，添造房屋并四边寨栅。"这时候，梁山人马已经过万，处级单位升格为局级单位，所以第三期工程应该出现了 120A 的房型。

在梁山前后四期职工住宅建设中，第四期开始引入建设工程监理机制，可以说，李云和陶宗旺是历史上最早的工程监理员。你看，宋江一不小心又创造了一个管理学上的世界纪录。在这里，我想强调的是，梁山集团的职工住宅建设，全部是福利房建设，员工可以不花分文而拥有房屋产权。通过这种家园建设，宋江完全解除了员工居无定所的漂泊感。

性：《水浒传》中，宋江曾经两次说媒。第一次是给王英。第 32 回，宋江目睹王英霸占清风寨文知寨刘高夫人，道："原来王英兄弟，要贪女色，不是好汉的勾当。""但凡好汉犯了'溜骨髓'三个字的，好生惹人耻笑。"可见宋江从内心对好色之徒的鄙视。然而身为男人，特别是身为管理者，他还是对王英表示理解，于是他对王英许愿道："宋江日后拣一个停当好的，在下纳财进礼，娶一个伏伺贤弟。"后来，二打祝家庄时，一丈青扈三娘被林冲所捉，宋江立即吩咐说："连夜与我送上梁山泊去，交与我父亲宋太公收管。"众头领都以为这位《水浒传》中的第一美女、梁山的山花，会成为宋江的压寨夫人，尽皆小心送去。三打祝家庄后，宋江回寨，唤王矮虎来说道："我当初在清风山时，许下你一头亲事，悬悬挂在心中，不曾完得此愿。今日我父亲有个女儿，招你为婿。"一丈青见宋江义气深重，推却不得，两口儿只得拜谢了。晁盖等众人皆喜，都称颂宋公明真乃有德有义之士。可以说，宋江是利用王英的好色，调动了他的积极性。这就是宋江高超的激励艺术。

另一个有幸得到宋江亲自说媒的是秦明。在慕容知府把秦明家小的首级悬城示众后，秦明怒火中烧，夜走瓦砾场，这时候宋江满怀理解：总管息怒，既然没了夫人，不妨，小人自当与总管做媒。且请到山寨里告禀。无处可去的秦明只好跟着宋江上了清风山。入得山来，宋江开门见山："花知寨有一令妹，甚是贤慧，宋江情愿主婚，陪备财礼，与总管为室，如何？"次日，宋江和黄信主婚，燕顺、王矮虎、郑天寿做媒说合，要花荣把妹子嫁与秦明，一应礼物，都是宋江和燕顺出备。其实宋江说媒，既为了满足秦明的生理，更为驾驭秦明的精神。

2. 安全需求

马斯洛认为：人的整个有机体就是一个追求安全的机制。好汉们置身于梁山之中，有一种天然的安全感，这种安全感正如第2回史进设席款待少华山三位大王朱武、陈达、杨春时，有一诗句所表达的：姓名各异生死同。能够同生共死的人文环境，对于这些九死一生的同志们来说，无疑是一个天堂。所以说，安全感是好汉选择梁山的极其重要的动因。

那么梁山之外，到底是什么让好汉充满危机感甚至恐惧感？

其一，国家机器的压迫。以"四大恶人"——蔡京、童贯、杨戬、高俅为代表的朝廷官僚，把国家公职变成个人私权，欺上瞒下，巧取豪夺，就连与世无争、喜欢息事宁人的林冲也被暴力机器强制排挤出主流社会，可见当时，做一个本分公民都成了奢望。关于当时的社会矛盾，《水浒传》中多有描述。第11回林冲逼上梁山前，曾经有一段内心独白："闪得我有家难奔，有国难投。"第16回杨志也和林冲一样感慨："闪得我有家难奔，有国难投……不如就这冈子上寻个死处。"第52回李逵也用他特有的语言风格发表了自己对法律的理解："条例！条例！若还依得，天下不乱了。"由此可见，当时国家秩序的离乱以及个人命运的卑微。在这种基本的、基础的国家公正都缺乏保障的情况下，难怪阮小二会对前来教唆犯罪的吴用说："如今该管官司没甚分晓，一片糊涂！千万犯了迷天大罪的，倒都没事！我弟兄们不能快活，若是但有肯带挈我们的，也去了罢。"那么三阮意欲何去？去投梁山！可见当时，人心向匪，因为到处充满了压迫，而梁山却不从属于国家机器的势力范围，大宋律法在此没有任何效用。

其二，黑恶势力的盘剥。前面讲过，梁山好汉在"从良"前，一般都有过各式各样的犯罪历史，他们既是国家机器的受害者，但同样也是普通百姓的害人者，即使在他们之间，也存在着尔虞我诈、弱肉强食。他们中有黑心店主（张青、孙二娘），有车匪路霸（王英、焦挺），孔亮被武松揍得鼻青脸肿，武松也差点被孙二娘下蒙汗药。之所以憧憬梁山，就是因为到处充满了凶险，而梁山世界却是一个同病相怜、不食同类的好处所。

其三，女人的叛变。梁山好汉有各不同的上山原因，粗略分析一下，大体有三种，第一种是因为政府而上梁山，"官逼民反，民不得不反"，这一点前面已经讲过，不再重复。第二种是因为梁山而上梁山，梁山需要某一类人才，于是或文或武，或逼或诱，让你上山。因为梁山而上梁山大体又可分为两类，一类是逼反，比如逼反朱仝、逼反秦明，这是暴力，另一类是计赚，比如汤隆赚徐宁上山，呼延灼月夜赚关胜，所谓"赚"，即哄骗，这是阴谋。第三种是因为女人而上梁山，比如宋江、卢俊义、杨雄，就是因为女人的叛变，使他们彻底失望，转而投向梁山。同床异梦，连自己身边的女人也可能随时出卖自己，这是怎样一种让人极度恐惧、极度紧张的生活？

由此看来，受害者在这里可以得到保护，而害人者在这里可以得到豁免，这就是梁山的安全感，也是梁山的吸引力。与其说好汉们选择了梁山，不如说好汉们选择了兄弟。

那么梁山是怎样为好汉们提供安全感的呢？

一是患难与共。梁山从事的行业是高风险的行业，今天你可能是刀俎，明天你可能为鱼肉，命运无常，朝不保夕，在刀山火海中，单纯依靠个人力量，无法立足，难以生存。因此，团队成为一种生存工具。在无数次的战斗经历中，他们相互救助、相互关照、相互提醒，肝胆相照，心心相印，依靠团队的力量，大大提高了个体的生存概率。这一点书中多有描述，不再重复。

二是家小随军。这是安全感从个人向家庭的延伸，消除了好汉们的后顾之忧。这一条规定在宋江上山之前就已实行。第20回，林冲见晁盖安顿各家老小在山，蓦然思念妻子在京师。遂写了一封书，叫两个心腹喽啰下山去了。没想到：娘子被高太尉威逼亲事，自缢身死，已故半载。林冲潸然泪下，自此杜绝了心中挂念。这说明家小随军在晁盖时代就已经成为条例。这一政策在宋江时代得到不折不扣的贯彻落实。第50回李应、杜兴一行人马，上得梁山。李应禀宋江道："只不知家中老小如何？可教小人下山则个。"宋江道："且请宅眷后厅耳房中安歇。"李应便如释重负地留在梁山。第52回由于失职造成小衙内死于非命，朱仝道："如今做下这件事了，知府必然行移文书去郓城县追捉，拿我家小，如之奈何？"吴学究道："足下放心，此时多敢宋公明已都取宝眷在山上了。"朱仝方才心安理得地上山入伙。在梁山，得到保护的不仅有好汉，而且有好汉家小，那么又有谁会拒绝这样一个没有后顾之忧的人文环境呢？

3. 归属需求

上山之前，面对社会残酷无情的物竞天择，一百单八将其实就是108个依靠个人力量根本无法生存的个体。一盘散沙的唯一的生存途径就是：胶结成岩，以放大自己的力量。

英雄好汉们在江湖上、在社会中漫无目标地闯荡，随波逐流，听天由命，对于他们来说，人生是一颗种，落地难生根——这是何其不幸？而投奔梁山后，他们寻找到共同的利益、共同的命运，自然而然地胶结为利益共同体，久而久之胶结为命运共同体。这就是梁山作为一级组织，给予所有成员的归属感。

4. 尊重需求

关于宋江如何运用尊重需求来实施激励，我在《水浒传》中没有发现直接的记录。但是我可以用一个激励结果来证明尊重需求确实曾经被宋江运用过。第63回关胜引一彪军马，飞奔梁山泊来。左手下撞出小李广花荣，右手下撞出豹子头林冲，前面又撞出呼延灼，杀的官兵金盔倒纳，衣甲飘零，退入城中，闭门不出。这时候，水寨内头领船火儿张横，与兄弟浪里白条张顺议定："我和你弟兄两个，自来寨中，不曾建功。不若我和你两个，先去劫了他寨，捉得关胜，立这件大功，众兄弟面上好争口气。"张顺道："哥哥，我和你只管得些水军，倘或不相救应，枉惹人耻笑。"张横道："你若这般把细，何年月日能够建功？"张顺苦谏不听。当夜张横点了小船五十余只，每船上只有三五人，直抵旱路。依据以上描述，我们可以简单分析一下张横的行为动机，就是要让自己的个人能力在同事中得到尊重，让自己的个人价值在胜利中得到体现。当然，由于贸然行事，这一战出师不利，关胜捉了张横。但是从张横立功欲望之强烈，我们可以反推出宋江激励艺术之高超。

5. 自我实现需求

在满足员工自我实现需求方面，宋江最富有领导艺术的举措在于排名制。

排名制不是宋江的发明，而是王伦的创造。排名制的最大好处，是梁山的等级秩序一目了然，高低贵贱，清清楚楚。对于不同层次的员工来说，都具有强烈的自我实现的激励作用。但是在王伦时代，排名制存在两个问题：一是先到为君。排名是按照先来后到，八十万禁军教头的林冲，座次竟然排在武艺平平的杜迁、宋万之下，这为"火并王伦"埋下伏笔；二是一成不变。按照王式排名规则，资历决定一切，座次便成为终身制，来得晚的，本事再高、功劳再大，也只能寄人篱下。很明显，这种排名制只是守成之制，而非创业之制，根本不适合处于创业阶段的梁山。王伦在企业草创时期，就采用这种排名制，显然是一种错误选择。所以激励机制运用不当，也会引发副作用甚至反作用。

后来晁盖入主梁山泊，也采用了这种排名制，但晁天王义字当头，以情代管，导致大锅饭现象严重，激励效果平平。

虽然宋江最后还是采用排名制来激励队伍，但是在他初来乍到，尚不具备法人资格的情况下，他以退为守，宣布废除排名制。当时，梁山好汉劫法场，将宋江迎至山寨。晁盖便请宋江出任山寨之主。宋江万般推辞，再三恳请晁盖坐了第一位，宋江坐了第二位，吴学究坐了第三位，公孙胜坐了第四位。这时候宋江道："休分功劳高下，梁山伯一行旧头领去左边主位上坐，新到头领去右边客位上坐，待日后出力多寡，那时另行定夺。"众人齐道："哥哥言之极当。"

这是到达梁山后宋江发布的"第一号令"。他首先肯定了"八方共域，异姓一家"的前提条件——我们是兄弟，是一家，从而笼络了人心；但同时又间接否定了按资排位的旧规矩，也就是说，不管以前功劳、资历如何，以前的排名统统作废，以后按照功劳，重新考核，再评定座次。从现代化管理的角度来分析，就是废除"年功序列"，实现了以绩效为中心的薪酬管理和干部人事管理。大家全体起立，站在同一个起跑线上，重新竞争上岗。从此，始行于王伦时代的基本组织制度——排名制，被宋江打入冷宫，直到最后梁山渐入佳境、渐成气候，形成了"小朝廷"的规模和实力，宋江才重新祭出排名制的法宝。

宋江的"第一号令"，一石二鸟，公私两得。

从公的角度来讲，二十几位来路不同的新头领组团上山，这些人的素质、才能、贡献自然参差不齐，更何况，梁山原来已经有不少头领，包括王伦旧部、智取生辰纲的晁盖旧部、林冲等以个人身份加入的独立人士，如果现在马上就排座次，那么，以什么标准才能服众？是资历、年龄、人缘，还是能力、武艺、功劳，抑或是"政治站队"、与晁盖宋江关系的亲疏？旧头领们已经占据了"甲级票"，后来上山的新头领，难免吃亏，如果是这样的话，梁山就会失去持续吸收精英的能力——论资排辈的企业，总是没有办法吸引人才，并且总会导致整个队伍的平庸化。后来上山的呼延灼、关胜、花荣、卢俊义、柴进、武松、鲁智深等人，怎么会心甘情愿坐到杜迁、宋万的后面？宋江废除排名制，一下子将除董事会四位成员之外的排名，全部归零，从此，甩掉了以往排名的历史包袱，梁山也因此而万象更新——不要再谈你什么时候上山的资历了，不要再谈你与某头领多年的战斗友谊了，不要再谈你曾经为山寨几回出生又几回入死了，这些统统归结为历史，这样就打开梁山好汉个人发展的无限空间，从而把每个人潜藏于内心深处、过去却无处发挥的理想、欲望、活力，统统以前所未有的方式释放出来。

从私的角度讲，"第一号令"，还有一个"架空晁盖"的副作用——注意是副作用而不是负作用，副作用是第二效果，虽然效果不如第一位，但归根结底还是正面作用，而负作用则是相反效果，归根结底是反面作用。"第一号令"相当于在谈笑风生、不动声色之间，完成了一场宫廷政变，把梁山的实际领导权，转移到宋江手中。因为废除排名制，等于将晁盖时代的权力体系，从根本上全部推倒，山寨中各头领的前途命运，完全取决于功劳或者绩效，而这些所谓的功劳或者绩效，当然要在梁山东征西讨、南征北战中得到积累，要在宋江麾下的战斗表现中得到确认。

废除了排名制并不是废除了激励机制。简单概括宋江的激励原则就是：结果导向，业绩说话。从现在起，无论是新头领还是旧头领，每人拿到的，都是一本崭新的考核本，一份空白的履历表，考核指标只有一个：功劳大小、绩效高低。如何争取在年终考核的总排名中名排前茅，完全取决于自己。可以想象，在一个名誉重于生命的群体里，面对这样一种激励，有多少人摩拳擦掌，枕戈待旦，这将是一个好战的山寨，一个热衷于扩张的山寨，一个永远无法填满欲望的山寨。特别是对于那些从朝廷跳槽而来的管理者，更是弹冠相庆：因为梁山以绩效为中心的考核体系，远远强大于朝廷以血统为中心的考核体系！从此，一刀一枪，征战沙场，虽然不能封妻荫子，但至少也能在山寨中一展抱负，不枉为人一世！

宋江自己更是带头响应"结果导向、绩效说话"的原则，所以每次出征，都是自告奋勇，亲临一线，这种以成败论英雄、以效益为中心的价值导向，连头把交椅上的晁盖也倍感压力，不得不率队亲征曾头市。可以说宋江构建的绩效评价体系，为梁山好汉实现人生价值创造了平台，让人不得不心服口服、五体投地。所以我说，宋江的排名制实际上是一份员工职业生涯发展规划。

在这里，还是有必要解读一下石碣碑上的排名。这是梁山最后一次排名。对此，宋江显然是绞尽脑汁。排名制废除多年，重新启用风险甚大，搞不好会闹出人命。中国人历来信奉"文无第一，武无第二"，自古以来没有哪个文士敢大言不惭地称自己"天下第一"，相反，绝大多数的武夫都目空一切，自诩"老子天下第一"。梁山好汉，一点武功不会的，大约只有萧让、安道全等寥寥数人。梁山好汉轻生死而重名节，追求生命中一刹那的辉煌，所以排名高低会直接影响众好汉的情绪和思维，稍有不当，就可能后院起火，反目成仇。江湖大哥个个桀骜不驯，你不把人摆平，就可能被人摆平。人最可怕的敌人就是自己，梁山又何尝不是如此？

开始时宋江对排名采取回避态度，因为梁山发展刚刚起步，还没有到论功行赏的时候。如今事业如日中天，兄弟们刀光剑影，出生入死，也应该有个说法，给个交代。况且108人也需要确立隶属关系，否则如何管理？所以排名这件事对宋江来说不得不提上重要议事日程。宋江深知这件事是烫手山芋，位置总有前后，排谁到前面都有理由，排谁到后面都有怨言。应该说，宋江的这个排名基本上是各种因素的综合产物，主要是考虑各人的功劳、能力、资历，并兼顾到各派系的均衡、上山前的身份、对自己的亲疏。梁山最终的排名座位，虽然存在个别不合理之处，但已经最大限度地体现了最大多数人的业绩，保护了最大多数人的利益。

但是宋吴两人呕心沥血的任免决定，如果直接宣布，势必引发梁山大地震，因为这不是一个十全十美的策划，世界上本来就没有十全十美的方案。假如有人心怀不满，跳槽走人，就会破坏来之不易的和谐梁山。即使不出现这种极端的显性的武力的抵触方式，那么日后也会因为隐性的内耗而降低组织运行效率，抬高组织运转成本。

宋江毕竟是厚黑学专家，一记乾坤大挪移，将天大难题化解于无形之中，将轩然大波平伏为波澜不惊。他配合当年九天玄女授书的故事，搞出了"石碣受天文"的闹剧。以宋江在梁山的控制力，要埋一块石碑易如反掌，至于解读碑文的何道士更容易花钱收买。

当宋江、吴用挖掘出"天上掉下的大石碑"时，哪怕这份最终名单再有不合理之处，当事人也只能服从上天旨意——信奉"顺天行道"的梁山好汉自然不能"逆天行事"，否则就会天打雷劈，身败名裂，且看当时：

何道士辨验天书，教萧让写录出来。读罢，众人看了，俱惊讶不已。宋江与众头领道："鄙猥小吏，原来上应星魁，众多弟兄也原来都是一会之人。上天显应，合当聚义。今已数足，分定次序，为大小二等。天罡地煞星辰，都已分定次序，众头领各守其位，各休争执，不可逆了天言。"于是在听天由命的心理暗示下，在寨主宋江的恩威并施下，众人皆道："天地之意，物理数定，谁敢违拗？"宋江于是取出五十两黄金，酬谢何道士。要知道这个红利，是小霸王周通讨老婆聘礼的两倍多！

好一个拉大旗作虎皮的锦囊妙计！宋江、吴用、何道士三人相互配合，使梁山成立以来最为棘手、最为敏感的人事安排问题迎刃而解。所以，在排名出台后，宋江立即组织了一场滴血誓盟：忠义堂上，宋江誓毕，众皆同声共愿，但愿生生相会，世世相逢，永无断阻。对于这一场面，施老先生用了八个字形容："众皆大喜，尽醉方散。"可见大家对这个排名的高度认同。

梁山的排名技巧，凸显了人事管理的精髓，成为人力资源管理的千古典范。

五、团队文化

企业文化包括精神层、行为层、制度层、物质层等四个层次。下面，我们就这四个层次，分析一下水泊梁山的企业文化体系。

1. 理念文化

理念文化，在整个企业文化体系中处于核心地位。指企业在生产经营过程中，受一定的社会文化背景、意识形态影响，而长期形成的一种精神成果和文化观念。

梁山文化经历了两次发展阶段。分别对应于晁盖时代、后宋江时代。为什么说后宋江时代？因为宋江执政前期，一直是晁宋共政，并没有对晁盖时代的梁山文化进行与时俱进的扬弃，因此这一阶段的梁山文化是对晁盖时代梁山文化的沿袭和继续。

晁盖时代和后宋江时代梁山文化的最大区别其实只有两个"一字之差"：聚义厅和忠义的一字之差、替天行道和顺天行道的一字之差。

我们先说说梁山核心价值观的演化

晁盖时代，梁山的核心价值观是聚义，所以设堂名为

"聚义厅"。我们仅仅从词意来分析，应该说聚义这个价值观，主旨不鲜明，指向不明确，林冲可以为报仇而聚义，鲁达可以为避难而聚义，至于卖人肉包子的孙二娘之流，完全是为混碗饭吃而聚义。

后宋江时代，梁山的核心价值观是忠义，所以改堂名为"忠义堂"。从文学的角度看，聚义厅改为忠义堂并不是大事，但从管理思想的角度看，却具有里程碑意义。我们还是从词意来分析，应该说忠义这个价值观，目标明确、指向特定——忠义忠义，忠为义的标准，义为忠的工具，义不义，衡量标准就是忠不忠。

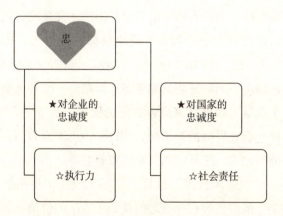

而忠，又可以从两个层次来理解，一是对企业的忠诚度，这是宋江从企业文化入手，解决员工执行力问题，二是对国家的忠诚度，这是宋江从企业文化入手，解决梁山社会责任问题。梁山好汉来自五湖四海，可为什么这群有着不同出身、不同文化、不同个性的人，却能形成一个执行力强、绩效卓越的团队？这归功于组织所确立和形成的忠义价值观。确立和形成这一价值观，是梁山的一大重要变革。

第一改变了梁山的经营目标，在过去，任何一家与梁山性质相近的"民企"，唯利是图，只顾短期效益不顾长期效益，只顾经济效益不顾社会效益，只有宋江高瞻远瞩，首次提出并实践了兼顾两个效益的理念。

第二改变了梁山的经营行为，一反以往那些白手起家的"民营企业"不择手段完成原始资本的血腥积累，而是严格遵循商业社会的交易规则，文明生产，诚信经营，使梁山从此进入了良性运作阶段。

我们再说梁山企业使命的演化。

晁盖时代，梁山的企业使命是替天行道。梁山和其他山寨一样，是些社会边缘人物组成的抢劫团伙。在晁盖时代和前宋江时代，他们两人始终致力于企业目标的神圣化，树起"替天行道"的大旗。大旗一扬，天下皆叹。这四个字妙不可言，于百姓，做出一副劫富济贫的姿态；于政府，留有供奉天子的余地；于英雄，找到打家劫舍的理论依据。真可谓正气凛然，八面玲珑。企业目标的神圣化，使得梁山迅速成为同行业的翘楚——确切地说，甩开了同行业的胶着竞争，实现了一家独大的跨越。在"替天行道"这杆大旗的激励下，各路英雄好汉纷纷涌来，他们仿佛在一夜之间找到了人生的价值：原来，自己的工作可以具有如此深刻的社会意义，为了这个理想，宁愿薪水少点、职务低点，也要跟着晁董宋总，将打劫进行到底。

"替天行道"在《水浒传》中被第一次提及，是第 42 回九天玄女对宋江说"传汝三卷天书，汝可替天行道。"第 54 回罗真人对公孙胜也曾说："吾今传授与汝五雷天罡正法，依此而行，可救宋江，保国安民，替天行道。"自从这两位神仙说过"替天行道"之后，这四个大字在《水浒传》中就不绝于耳。第55回彭玘对凌振说："晁宋二头领替天行道，招纳豪杰。"第56回宋江对徐宁道："……非敢贪财好杀，行不仁不义之事。万望观察怜此真情，一同替天行道。"第60回晁盖死后，宋江坐上第一把交椅，他这样发表就职演说、公布施政纲领："小可今日权居此位，全赖众兄弟扶助，同心合意，同气相从，共为股肱，一同替天行道。"第67回关胜对单廷圭、魏定国说："兄长宋公明，仁义忠信，替天行道。"不久单廷圭也说："不才愿施犬马之力，同共替天行道。"第69回宋江又对董平说："你看我手下雄兵十万，猛将千员，替天行道，济困扶危。"第71回"石碣受天文"时，只见石碣上也有"替天行道"四个大字。这样"替天行道"就成为梁山好汉的行动纲领。打倒贪官污吏，斗垮土豪劣绅，消灭地痞流氓，成为梁山好汉的自觉行动，这是对"替天行道"文化理念的最好执行。后来这种"替天行道"的思想又口耳相传，得到老百姓的高度认可。第65回扬子江边一个老丈曾说："梁山上宋头领不劫来往客人，又不杀害人性命，只是替天行道。"从梁山文化的成功中，我们可以总结出一条企业文化建设的基本经验：一个成功的企业文化不仅能够被内部推崇，而且能够被外部传播。

其实，"替天行道"是道家思想。这个口号出自《老子》第77章："天之道，损有余而补不足；人之道则不然，损不足以奉有余。"

在封建社会，统治阶级"损不足以奉有余"，靠压榨农民来积累财富。而梁山"损有余而补不足"，它反映了弱势群体的希望和理想。

"替天行道"的通俗说法就是"杀富济贫"，但是两者却表达了不同的宗旨：前者是社会秩序的维护者，而后者是社会秩序的破坏者。试想梁山的口号如果只是"杀富济贫"，那宋江、晁盖，就永远只是江湖草寇而已。所以，从宋江身上，我们又应该学会：一个企业家，要善于提升企业格调，升华公司品位，给员工以卓越感、神圣感。优秀的企业理念既高人一筹又不落俗套，并且是可感知、易理解的。

后宋江时代，梁山的企业使命是"顺天行道"。这一使命观，决定了各路英雄齐聚梁山的共同愿景，就是成为一支名正言顺的朝廷正规军，虽然具有局限性，但在当时的历史背景下不失为一个鼓舞人心、催人奋进的目标。其实宋江对梁山文化的修正，很大程度是希望借助文化的力量，对招安思想进行柔性包装和软性推销。从"播乱山东"到"顺天护国"、从"造反"到"招安"的蜕变过程中，宋江利用企业文化，为自己的新思维做好充分的理论准备，从而掌握了招安的理论依据和道德制高点。关于招安，我们会在后面详述，这里蜻蜓点水，一带而过。

梁山文化的确定，对于梁山的发展具有决定性的意义，彻底改变了过去那种恶性经营，表明了在宋江领导下的梁山集团将要在发展经济效益的同时，兼顾社会效益，坚持可持续发展，以回报社会各界对梁山的关爱，回报"股东"和广大"消费者"。

2. 制度文化

俗话说"国有国法，家有家规"，作为梁山泊也不例外。在整部《水浒传》中，并没有明确说明梁山的制度体系，但反复提及"山寨号令""山寨将令"，并且，所有"山寨号令""山寨将令"全部出自宋江之口，可见宋江一直是制度管理的倡导者。

第47回杨雄、石秀从祝家庄侥幸逃脱，到梁山请求救援时迁。没料想，杨雄刚一说完，便惹得晁盖大怒，因为晁盖认为：他们盗用梁山好汉英名去偷烧鸡店，不仅连累了梁山遭受辱骂，而且输掉了梁山的锐气。宋江、吴用、戴宗三人苦苦哀求，并且"众头领力劝"，晁盖方才宽恕二人。杨雄、石秀谢罪不已。这个时候，宋江对他们两位有一段抚喻："贤弟休生异心！此是山寨号令，不得不如此。便是宋江，倘有过失，也须斩首，不敢容情。"杨石二人千恩万谢。

我们分析一下，宋江抚喻杨雄、石秀的话里有多层含义：一是梁山有"赏功罚罪"的山寨号令，一视同仁。即使高居第二把手，也要按照山寨号令行事。大有"有法可依，有法必依，执法必严，违法必究"、法律面前人人平等、王子犯法与庶民同罪的理念。二是不能因为"山寨号令"的问责，而对梁山产生异心，既然加入梁山，就必须接受梁山的"山寨号令"。三是既然梁山对你们适用"山寨号令"，说明梁山已经把你们当作自己人对待。进一步分析，我们可以得出以下结论：梁山的兴旺发达，除了因为具有鲜明的精神旗帜、共同的人生追求、统一的价值趋向外，"山寨号令""山寨将令"也是起到了极其重要的规范作用。试想，梁山好汉个个都特立独行，人人是英雄豪杰，没有"山寨号令""山寨将令"的制度约束，就没有有令则行、有禁则止的制度执行，也就改变不了"有组织、无纪律"的乌合之众的本质。

虽然我们无从考评这些"山寨号令""山寨将令"的具体条文，但是梁山的制度体系还是在排名中露出些许端倪。其实重修排名，实际上是宋江对好汉们岗位责任制的补充和完善，这是宋江的又一大手笔。在一百单八将的排名中，宋江既明确了各自的岗位，又明确了各自的责任，制定了详细的管理条例，颁布了明晰的行为规范。应该说，梁山是历史上第一家引入现代企业管理制度的企业，排名制是一份岗位说明书，从此将梁山锤炼成对"市场"具有强烈辐射作用的"品牌公司"。

3. 行为文化

行为文化是企业伦理的外化。因此，我们不妨从梁山的企业伦理入手，来探讨梁山的行为文化。而要理解梁山的企业伦理，首先就必须清楚《水浒传》的历史背景。《水浒传》写的是北宋末年，帝王昏聩、奸臣横行、恶人当道、百姓涂炭、英雄气短，受压迫阶层走上反抗道路的故事。它记录了当时暴力政治规则和各阶层人物的生存博弈法则。施老先生在写一百单八将之前写了一个特殊的人物——高俅。对此金圣叹大加点评，他说为什么未写一百单八将而先写高俅？意思就是说"乱自上作"——社会的混乱是由上面开始的，是从朝廷开始的。我们分析一下《水浒传》，可以看到一条社会由治而乱的明显轨迹：

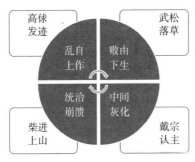

北宋末期社会退化轨迹

一是"乱自上作"阶段。标志性事件是小混混高俅发迹，王进被迫走西口，林冲逼上梁山，梁中书私运生辰纲。这一阶段所揭示的是国家政权的解体，朝纲败坏，道德沦丧，人才流失，社会病毒首先从中枢神经蔓延开来。

二是"败由下生"阶段。标志性事件是晁盖组织抢劫团伙，鲁智深、杨志落草二龙山，宋江、朱仝、雷横执法犯法，武松申冤不成以身试法。这一阶段所揭示的是基层社会的解体，法律破坏，秩序颠倒，祸乱丛生，代表各种群体的个人已经开始拿血命换饭吃，社会沉疴如同瘟疫般无可救药地在草根层迅速传染。

三是"中间灰化"阶段。标志性事件是小管营施恩经营黑社会公司，知寨花荣收留逃犯宋江，监狱长戴宗、狱卒李逵认罪犯宋江做老大，兵马提辖孙立反水使祝家庄覆灭。由于上层社会和基层社会的双向溃烂，开始了中间地带的"灰化"过程。官吏身份的灰化，体现了整个社会价值观的黑白不分，使大宋帝国的运行系统全部失灵。

四是"统治崩溃"阶段。标志性事件是贵族柴进脱离正道社会，徐宁、呼延灼、关胜等政府精英力量离开朝廷，富商兼大地主卢俊义走上梁山。

在梁山好汉中，上梁山前，曾经拿过朝廷俸禄，或为皇亲国戚，或为地方显贵的，一共有 60 位，占一百单八将的55.56%；上梁山前，或落草一处，或称霸一方的，一共有48位，占一百单八将的44.44%。不难看出，梁山好汉上山前大部分都是良民。从良民到义军，正是这种社会退化轨迹的真实写照。就在这个社会退化的演变过程中，受压迫阶层，不得不摆脱社会的主流生活，到老少边穷地区闹革命，他们的理想和使命就是让国家和社会拨乱反正。因此，保国安民就顺理成章地成为梁山的企业伦理，或者说梁山的社会责任，梁山好汉也理所当然地成为这种伦理的坚定信仰者和这种责任的忠实践行者。

《水浒传》中的"义"在义军中有着巨大的作用，正是"替天行道，保国安民"的思想成为约束所有兄弟的精神准则。这种准则衍化为梁山好汉的行为标准，那就是忠义堂前书写的"常怀贞烈常忠义，不爱资财不扰民"两句。

第20回晁盖刚到梁山。一起客商，途经梁山。晁盖着三阮、刘唐、杜迁、宋万组建项目部，下山打劫。行前，他吩咐道："只可善取金帛财物，切不可伤害客商性命。"得手后，晁盖又问道："不曾杀人么？"小喽啰答道："并不曾伤害他一个。"晁盖大喜。你看，企业的道德起源于企业家的良知，企业的伦理来自企业家的人品。

第35回大闹青州道后，宋江传下号令："休要害一个百姓，休伤一个寨兵。先打入南寨，把刘高一家老小尽都杀了。"你看，宋江的杀人原则是：只杀贵的，不杀对的。

第41回宋江智取无为军，道："只恨黄文炳那贼一个，却与无为军百姓无干。他兄既然仁德，亦不可害他，休教天下人骂我等不仁。"你看，宋江是多么爱憎分明、惩恶扬善！对于善人，哪怕是恶人的哥哥，也是区别对待。

第63回宋江兵打北京城前，便贴出安民告示，布告天下："义夫节妇，孝子顺孙，好义良民，清慎官吏，切勿惊惶，各安职业。"你看，宋江非常顾及梁山的社会形象。

第66回柴进和蔡福到家中收拾家资老小，同上山寨。蔡福道："大官人，可救一城百姓，休教残害。"于是柴进便去寻军师吴用，吴用急传号令，休杀良民。你看，蔡福本来是杀人如麻的刽子手，但是一旦加盟梁山，马上就肩负起梁山的社会责任。

第69回宋江先打开大牢，救出史进，再打开府库，尽数取了金银财帛，大开仓廒，装载粮米上车。先使人护送上梁山，交与三阮，接递上山。最后将程太守家私，散发居民。第70回宋江军马杀入东昌府，先救了刘唐，次后打开仓库，将钱粮一份发送梁山泊，一份散给居民。你看，宋江情为民所系，利为民所谋。

因为宋江肩负高度的社会责任，所以拥有高度的社会认同。高度的企业伦理，也为梁山生存提供了高度的社会依据。

4. 物质文化

第71回石碣受天文、英雄排座次之后，有一段关于梁山物质文化，或者说环境文化的描写：山顶上立一面杏黄旗，上书"替天行道"四字。忠义堂前，绣字红旗二面：一书"山东呼保义"，一书"河北玉麒麟"。外设飞龙飞虎旗、飞熊飞豹旗、青龙白虎旗、朱雀玄武旗，黄钺白旄，青幡皂盖，绯缨黑纛。中军器械外，又有四斗五方旗、三才九曜旗、二十八宿旗、六十四卦旗、周天九宫八卦旗、一百二十四面镇天旗。

除环境文化外，梁山的服饰文化依然富有梁山色彩。第82回梁山全伙招安，徽宗决定检阅这批新生部队。宋江军马在路，甚是摆的整齐。前面打着金鼓旗幡，后面摆着枪刀斧钺，中有踏白马军，打起"顺天""护国"二面红旗，外有二三十骑马上随军鼓乐；后面众多好汉，簇簇而行。军士各悬刀剑弓矢，众人各各战袍金铠，戎装袍甲，惟有吴学究纶巾羽服，公孙胜鹤氅道袍，鲁智深烈火僧衣，武行者皂皂直裰；摆成队伍，从东郭门而入。东京百姓军民，扶老挈幼，迫路观看，如睹天神。这一身行头，不可谓不提人气，不可谓不壮军威。

除了建立视觉识别系统，宋江还推行了一系列丰富多彩的文化仪式。第 71 回宋江拣了吉日良时，焚一炉香，鸣鼓聚众，都到堂上。宋江对众道："今日既是天罡地曜相会，必须对天盟誓。"众皆大喜。各人拈香已罢，一齐跪在堂上，宋江为首誓，众皆同声表愿。这次宣誓的目的在于统一思想。第 70 回张清见宋江如此义气，叩头下拜受降。宋江取酒莫地，折箭为誓。这次宣誓的目的在于化干戈为玉帛。全书中，诸如此类的文化仪式，林林总总，不一而足。

5. 文化的力量

首先，梁山文化的力量体现在统一思想上。特别是对从统治阶级队伍中分化出来参加革命队伍的原朝廷命官，这种感化、教育的作用，必不可少。经过梁山文化的洗脑，第 63 回关胜说："人称忠义宋公明，果然有之……愿住帐下为一小卒。"关胜正是被宋江和梁山好汉的义气所感化，才决定归顺起义军。在这之前不久，率军征讨梁山的呼延灼，也是被梁山好汉的义气所感化，他见宋江礼貌甚恭，叹了一口气，跪在地下说："非是呼延灼不忠于国，实慕兄长义气过人，不容呼延灼不依，愿随鞭镫。"这些朝廷命官被"生死相托，吉凶相救；患难相扶，保国安民"的义气所感化，从而化作梁山英雄的一部分。

其次，梁山文化的力量体现在修正行为上。特别是对出身贫苦且沾染陋俗的人，这种引导、约束作用，不可或缺。凡是上了梁山之后的英雄，无一例外，痛改前非，再没有发生过抢劫百姓的行为，夺人妻女的行径，使这支队伍成为保护百姓利益并且受到老百姓拥戴的队伍。第23回描写武松在柴进庄上时常酒后失态，下拳殴打庄客，致使庄客们没有一个人说他好话。但自从结识宋江，"却得宋江每日带挈他一处，饮酒相陪，武松的前病都不发了。"第38回，宋江发配江州。初来乍到，没有按照潜规则，给江州两院押牢节级戴宗送常例钱，戴宗体罚宋江一百讯棍。可见戴宗是个见钱眼开的主儿。然而，第41回，宋江智取无为军，获胜还山。取过黄文炳的家财，将信笼，交戴院长收用。戴宗那里肯要，定教收放库内，公支使用。有人问了，什么是信笼，《汉语大词典》解释为："封口加盖印信的盛放礼物的箱笼"。表面看，戴宗推辞的是信笼，实际上推辞的是金银财宝。从索贿到拒财，这就是"义"文化对戴宗的改造。

　　研究宋江的企业文化，我们不难发现：

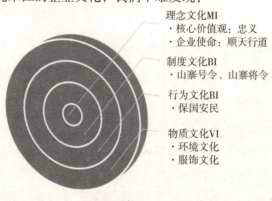

理念文化MI
·核心价值观：忠义
·企业使命：顺天行道

制度文化BI
·山寨号令、山寨将令

行为文化BI
·保国安民

物质文化VI
·环境文化
·服饰文化

梁山 CIS 导入模型

宋江对梁山进行了全世界有记载的最早的一次 CIS 导入，建立了梁山企业文化识别系统。且听我一一说来。宋江是严格按照 CIS（企业识别系统）导入程序进行梁山文化建设的。他首先在 MI（理念识别系统）方面提出忠义核心价值观和替天行道企业使命，统一了员工思想，提升员工素质；然后在 BI（行为识别系统）方面，对包括一百零八名主管在内的全体员工提出了以"山寨号令""山寨将令"为内容的行为规范；最后在 VI（形象识别系统）方面，规范和统一了山寨环境和员工着装。可以说，梁山攻无不克、战无不胜的战斗力，来自于梁山同声相应、同气相求的文化力。如果你想在企业建立起真正有效的企业文化，那么宋江是一位不错的企业文化咨询师。

六、市场策略

宋江的战略思维是宋江屡战屡胜的重要保证。我们可以通过几个梁山发展史上的重大事件，来透视宋江的市场策略。

1. 长线投资，完成原始资本积累。

当听说劫取生辰纲东窗事发，官府正在派人捉拿毫无防范的晁盖一行时，宋江丝毫没有犹豫，骑马扬鞭，赶去为晁盖通风报信。按当时宋江的生活来说，即使不求上进，以他的地位——县府办公室主任的级别，和家里的富足财产，在郓城也是要风得风，要雨来雨的人物，生活富裕而安稳。所以不要小看了通风报信这件事情，这在当时私通要犯按律是要斩首的，没有莫大的胆识是不敢这么做的。对于此事，晁盖曾经有一句发自肺腑的定性："宋江担那血海般干系。"大家注意用词——
血海般干系，言下之意，干这种事情是必须付出血的代价，必
须冒着掉脑袋的风险，而且肯定不是一个人掉脑袋，因为一个
人掉脑袋绝对不可能血流成河，更不要说血海了。因此最大的
可能性是株连九族。事实证明，宋江这一次长线投资或者说期
货交易，押上的不仅是全部的家产，甚至连同他父亲、兄弟、
七大姑八大姨的生命，但是一场豪赌，宋江笑到了最后，他不
仅没有满门抄斩、倾家荡产，而且抓住了成为梁山首领的决定
性机遇——正是因为有恩于晁盖等元老级人物，宋江一上梁山
就坐上了第二把交椅，而不必从蓝领、白领开始做起。晁盖中
箭死后，他不坐头把交椅谁还坐？

我们在生活中，常有人把失败归咎于客观，从来没有从主
观上反思。人生之路要想获得成功，就看你能否像宋江一样，
在机会来临之时敢不敢放手一搏，这就如买股票，碰到一支原
始股，在它还没有显示商机之前，你敢不敢投资？有可能你会
赔得很惨，也有可能你会赢得很大。成功靠什么？成功很大程
度上靠胆量，如果前怕狼、后怕虎，机遇永远只是机率。人生
不能像做菜，把所有的料都准备好了才下锅。

2. 内守外攻，推动企业迅速扩张

CEO	王伦	晁盖	宋江
赢利模式	通过酒店，对往来客商实施抢劫	合伙人性质的公司	传统的经济增长方式已经满足不了梁山发展的需求

今天我们把梁山比作一个企业，所以我们才谈得到跟着宋
江学做 CEO。既然把梁山视作一个企业，我们就来探讨一下

作为企业，梁山的运作模式。

王伦时代的赢利模式是这样：朱贵在山下以开酒店为名，负责市场信息的搜集，有客户信息，主要是抢劫目标；有竞争对手的信息，主要是其他两抢（抢劫、抢夺）团伙、朝廷官兵的动态；有政策信息，主要是国家对梁山集团的宏观政策。这些信息对于梁山的生存发展具有非常关键的作用。至于王伦、杜迁、宋万三位，盘踞山上，对市场信息进行研判。无财帛的，和他过去；有财帛的，来到这里，轻则蒙汗药麻翻，重则登时结果。如果是遇到大客户，那么山上就成立项目部，下得山来，齐心协力完成资本的强制划拨。通过酒店，对往来客商实施抢劫，是当时梁山的主要经济来源。所以，王伦时代的梁山公司主要由信息部和生产部两个部门组成。王伦时代的梁山，据柴进介绍，"有七八百个小喽啰"，而据阮小二的估计，则是聚集了五七百号人，整体数字相差不大，和后来宋江时代的十万人马相比，不值一提。但是，由于梁山山林湖泊相得益彰，易守难攻，占尽地利，因此，尽管其主营业务较为单一，仅仅是打家劫舍，抢掳往来客人，但由于摊子不大，也就700来号人，因此，仍然可以像阮小五所说的那样"论秤分金银，异样穿绸锦，成瓮吃酒，大块吃肉，如何不快活！"

晁盖时代的梁山是一个合伙人性质的公司，因为除了王伦时代的积累，注册资本金的主要来源在于生辰纲，而生辰纲是由七个人联手运作而获得（当时白胜已经被捕入狱）。晁天王虽然是法人代表，但并不占据控股地位，凡事大家民主协商。当时，梁山管理员一共有11位，山前山后，兵力也只有七八百人，再加上晁盖做事宽宏，安顿各家老小在山，估计总人数不过千人。晁老大接的第一笔订单应该算是济州府团练使黄安，带领千余人，兵分两路来取梁山。这一次买卖的结果是生擒黄安等一二百人，船只尽数收在山南水寨里安顿。对于梁山来说，并没有形成大的资产增量，只是增加了部分体力劳动者。晁盖上山后的第一次大满贯应该是第20回朱头领探听得一起客商，有数十人结联一处，从旱路经过。晁盖着三阮点起一百余人主攻，刘唐点起一百余人侧攻，杜迁、宋万引五十余人下山接应。结果得了二十余辆车子的金银财物和四五十匹驴子、骡子。所以，晁盖大喜："我等今日初到山寨……不想连得了两场喜事：第一，赢得官军，收得许多人马船只，捉了黄安；二乃又得了若干财物金银。"关于晁盖时代梁山的赢利模式，书中只有这么两段交代，看来晁盖时代员工队伍并无大的扩充，所以人工成本的压力不大，再加上晁盖他们在黄泥冈所获得的第一桶金——十万两生辰纲，为梁山提供了充足的现金流。因此，晁盖时代，梁山虽不是发展得突飞猛进，但还是经营得有条不紊。

宋江时代的梁山，无论是经济总量，还是经济运行质量，都是前两个时代望尘莫及、无可比拟的。关于经济总量，施老先生没有明说，但我们从用工总量作个粗略计算。当时梁山人口在十万左右。第81回燕青夜入东京，恳请宿太尉牵线招安时，这样说："若得恩相早晚于天子前题奏此事，则梁山泊十万人之众，皆感大恩！"第120回，蔡京、童贯、高俅、杨戬设计诬陷宋江谋反，皇上这样斥责："宋江、卢俊义，掌握十万兵权，尚且不生歹念。今已去邪归正，焉肯背反？"看来，梁山十万人马既是梁山的统计也有组织的认定，应该是可以采信的。当时大宋总人口只有四千万，梁山人口占总人口的1/40，这与王伦时代的七八百、与晁盖时代的千数人相比，仅仅人工成本一项就涨了100多倍，这还没有包括工资调整形成的增量。所以传统的经济增长方式已经满足不了梁山发展的需求。猫走不走直线，取决于耗子。因此，立足梁山、发展梁山，跳出梁山、发展梁山，成为宋江的不二选择。

于是宋江确立了"近交远攻、内守外拓"的市场策略——以内向型经济为基础，以外向型经济为方向，在本土经济的基础上，有目标、有计划、有步骤地实施"走出去"发展战略。在他的任内，公司已经呈现出大跨度、广分布的市场特征。

宋江的市场运作能力的确是一流的，他能够审时度势，勇为人先，领导梁山走出了一条由小到大、由内到外、由产品到品牌、由市场营销到资本运作的发展道路。

内部市场，有所为有所不为。梁山公司成立之初，与其他兄弟企业一样，专门打劫路过的商贾富豪。时间一长，商贾富豪们闻梁山色变，惹不起、躲得起，敬而远之，绕道而行，导致梁山财源枯萎。此时担任梁山二把手的宋江及时转变经营战略，对于内部市场，采取了保护政策。不但不打劫路过的商团，反而主动为他们提供保护，当然，前提是上缴一定的保护费。这样一来，商道重新繁忙起来，梁山好汉从无牌收费站变成了师出有名的"城管队员"，梁山公司也俨然成为维护社会秩序的管理者。第71回众好汉盟誓后施老先生专门对梁山的内部市场进行了详细交代："若是客商车辆人马，任从经过；若是上任官员，箱里搜出金银来时，全家不留。所得之物，解送山寨，纳库公用；其余些小，就便分了。折莫便是百十里、三二百里，若有钱粮广积害民的大户，便引人去，公然搬取上山。"这一段文字为我们提供了一个非常重要的信息：梁山内部市场的最大半径为三百里，而且在内部市场，不抢为商的，只夺为官的、为恶的。这一说法在第 73 回有一个具体印证。当时，宋江见关下押解一伙人来，这伙人跪在堂前告诉宋江说："小人等几个直从凤翔府来，今上泰安州烧香。……伏望大王慈悲则个。"宋江听了，便叫小校："快送这伙人下山去，分毫不得侵犯。今后遇有往来烧香的人，休要惊吓他，任从过往。"那伙人得了性命，拜谢下山去了。由此看来，宋江在内部市场还是采取了有所为有所不为的保护性政策，没有进行杀鸡取卵、竭泽而渔式的破坏性开发，因此在内部市场，保持了甲乙双方的和谐融洽。

宋江之所以敢于走马四方，和他有一个稳固强健的内部市场是密不可分的。同时对于内部市场，由于事关根据地的安危，宋江的原则自然是严防死守，寸土必争，坚决杜绝内部市场流失。

应该说梁山先后经历了四次大规模的围剿与反围剿斗争。第一次徐宁的钩镰枪大破呼延灼的连环马，第二次呼延灼月夜赚了关胜，第三次是两赢童贯，第四次是三败高俅。四次反围剿都以梁山的胜利而告终，为宋江的"走出去"战略提供了强有力的基地支持和后方保障。

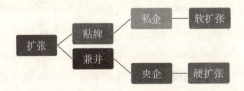

外部市场，软硬兼施。对于外部市场，宋江一直遵循"积极但不冒进，稳妥但不保守，量力而行，尽力而为"的原则，实现了由坐贾到行商的转变。宋江对外市场扩张主要依靠两种方式，一是贴牌，二是兼并。

贴牌，主要应用于私营企业，是一种软扩张。前面已经讲过，梁山的管理者，有相当大一部分来自同行业、私营化的企业——大大小小九山一川一镇，即少华山、桃花山、二龙山、清风山、对影山、白虎山、黄门山、芒砀山、枯树山、饮马川、揭阳镇。这些本来属于同质竞争的业内对手，基本上通过或宋江或梁山的品牌，得以低成本，甚至无成本地被梁山收购，实现了企业的强强联合——梁山给这些同行提供商标使用，而这些同行又为梁山提供 OEM 服务。关于这一点，我们已经在宋江的个人魅力一节中涉及，不再重复。

兼并，主要应用于"央企"。这是一种硬扩张。由于"国有企业"总以老大自居，对于梁山这样的民营企业，即使规模再可观，品牌再响亮，也是视作二流。因此像无为军这样的"国有企业"，绝对不可能自愿贴上梁山的注册商标。无奈之下，宋江采取的市场策略就是坚决彻底地兼并，即使投入再多的人力、物力、财力，也要巩固、提高市场占有率，将优良资产和优秀人才占为己有。宋江加盟梁山后，选择的第一个兼并对象就是祝家庄。

三打祝家庄，是梁山上晁盖、宋江两派势力、两条路线斗争的一次大交锋。晁盖这个梁山公司的董事长，是不主张这次并购的，宋江这个二把手极力主张，靠着宋江的威信和吴用的支持，这一提案才勉强通过。在这次并购中，宋江押上了他的所有政治资本，因为毕竟宋江是初来乍到，一旦失败，他的政治生涯就此画上句号。

晁盖反对这次并购，也有公私两个原因。从私的角度来讲，宋江加盟梁山之后，晁盖系与宋江系形成了脆弱的权力平衡。但是，一批又一批的江湖人物不断在宋江系人马的引荐之下，加盟梁山，例如与祝家庄发生冲突上山请求发兵相救的杨雄、石秀，就是由宋的嫡系戴宗引荐。如果任由宋江系的势力如此无休止地、如藤蔓般地借助关系网不断延伸扩展开去，将膨胀到自己无法加以控制的程度。因此，在杨雄、石秀上梁山、请援兵、救时迁时，一向乐于助人的晁盖，断然拒绝。从公的角度来看，梁山现在人员急剧增多，经济负担急剧增加，如果要向外扩张，肯定要连年战火，不得安宁。而上山前安于做一个太平庄主，上山后安于做一个太平寨主的晁盖，显然对于这种急剧的、无休止的向外扩张，毫无兴致。

宋江不惜和晁盖唱反调，坚持并购的理由主要有四条："一是与山寨报仇，不折了锐气；二乃免此小辈被他耻辱；三则得许多粮食，以供山寨之用；四者就请李应上山入伙。"

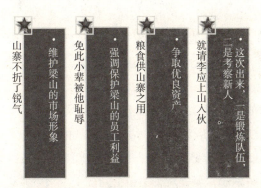

山寨不折了锐气
维护梁山的市场形象

免此小辈被他耻辱
强调保护梁山的员工利益

粮食供山寨之用
争取优良资产

就请李应上山入伙。
这次出来，二是考察新人，一是锻炼队伍，

第一条强调维护梁山的市场形象，第二条强调保护梁山的员工利益，第三条强调争取优良资产，第四条强调"这次出来，一是锻炼队伍，二是考察新人"。

我们可以考察一下祝家庄。当时，祝家庄作为老牌大公司，拥有庞大的现金和资源储备，而梁山公司当时表面上无限风光，蒸蒸日上，其实现金和资源储备捉襟见肘、入不敷出。正如宋江所讲的："眼下山寨人马数多，钱粮数少。"梁山的日常开销很大，比如，杨雄、石秀两人刚一上山，就享受"拨定两所房屋，每人拨十个小喽啰伏侍"的待遇。这些待遇靠什么来维持？当然靠钱。上万人马要大吃大喝、要穿绸裹缎，这些都需要源源不断的白花花的银子！钱不是问题，但问题是没有钱！

祝家庄的现金和资源储备，大到什么程度呢？宋江说过："若打得此庄，倒有三五年粮食。"我们来算个账：打下祝家庄以后，梁山将士把"祝家庄多余粮米，尽数装载上车，得粮五十万石。"在宋朝，1石约合59.2公斤，那么，打破祝家庄，梁山得粮足有二万九千多吨！

就在晁董、宋总僵持不下之时，吴用投了最关键的一票："公明哥哥之言最好，岂可山寨自斩手足之人？"吴用表态了，杨雄、石秀不能杀，应该攻打祝家庄。正是因为吴用的关键一票，使得强行并购祝家庄的提案，以微弱优势勉强得以通过。

吴用的这一票，还意味着他在面对梁山是"守成"还是"扩张"的发展道路之争上，站到了宋江的一边。晁盖企图阻止梁山不断并购的努力彻底失败，而宋江的扩张路线成为主流。从这一刻起，晁盖对于梁山公司的上上下下来说，成为一个名存实亡的符号，梁山的真正主人，已是宋江。当然，这种高回报的背后是高风险——如果攻打祝家庄失败，宋江就得身败名裂，毁于一旦。

之后，梁山大军虽然历经了一打、二打的失败，但在第三次祝家庄歼灭战中，里应外合，马踏连营，将祝家庄洗劫一空，胜利班师。最开心的莫过于宋江，因为三打祝家庄彻底奠定了他在梁山集团中的核心地位；其次是王英，得到了貌美如花的美娇娘——扈三娘；再次是时迁，终于加入了梦寐以求的强盗集团；另外两个皆大欢喜的是杨雄、石秀，因为他们在三打祝家庄前差一点被晁盖杀无赦，但是在三打祝家庄后却被宋江委以重任——守护聚义厅两侧。这一任命，正是晁盖退出历史舞台、宋江大权独揽的最佳注解，也是宋江厚黑学的经典之作。

其实，我一直觉得祝家庄挺冤，祝家庄和梁山没有任何梁子，往日无冤，近日无仇，顶多算个三村联防的地方武装组织，也没有主动寻衅、惹是生非。它的性质，和九纹龙史进的史家庄对抗少华山强人是一样的。但是市场就是这样残酷无情，就是这样你死我活，就是这样信奉强者哲学。宋江名为石秀、杨雄、时迁报仇，实为掠夺优良的市场资源，这种开战理由，800多年以后，也只有美英杜撰出子虚乌有的大规模杀伤性武器，以鲸吞伊拉克这块肥肉，可以媲美。"匹夫无罪，怀璧其罪"，这是一句千古不变的真理。宋江早就想对祝家庄下手，苦于师出无名，正好上天赐予一个千载难逢的机会，岂可坐失？一只公鸡引发的血案，最终导致了祝家庄的灭顶之灾，也为梁山积累了三五年的"储备粮"。由此可见，外部市场的成功，主要得益于宋江能够与时俱进地制定经营战略，从而使企业业绩始终保持高速增长，从而创造了梁山 GDP 神话。从王伦到晁盖再到宋江，是权力的传承，更是战略眼光的变革。

败于改制

我们大体可以把梁山的兴衰简单划分为做大期、做强期和做垮期。做大期始于宋江上山，标志性事件是斗法破高廉、大破连环马；做强期始于宋江排名，标志性事件是两赢童贯、三败高俅；做垮期始于宋江招安，标志性事件是南征归来，十损其八，一百单八将中，"阵亡59员，病故10员，坐化1员、出家2员、路上去4员。"

通过梁山三个阶段的分析，我们可以得出一个结论：宋江成于管理，败于改制。成于管理，前面已经进行了详细阐述，下面，我们探讨一下梁山是怎样在体制改革中走向灭亡的。

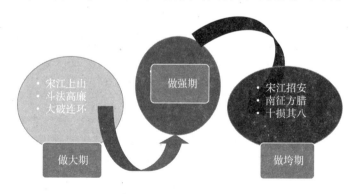

梁山集团的生命周期

作为梁山的 CEO，宋江的事业在第 71 回《石碣受天文，英雄排座次》之后达到了巅峰，此后，两赢童贯，三败高俅，特别是高俅征战梁山时，几乎是举全国之力，十大节度使悉数参战，结果还是让梁山创造了"民营企业"打败"国有企业"的奇迹。随着梁山的做大做强，宋江 CEO 一直梦寐以求的改制理想日益迫切。

宋江热衷于改制，原因可能有三：

首先，希望封官加爵。本来，宋江是"国有企业"的一位基层干部，由于用人机制等方方面面的原因，他不得不跳槽，到了"民营企业"。但是，"国有企业"背后的政府招牌，特别是正规军的身份感，让他一直心驰神往。所以，在他完成了一系列的品牌扩张和资产并购后，他特别希望通过体制改革，从个体户摇身一变为"国有特大型企业"的领导人，继而有机会进入政坛，跻身国家公务员行列，起码混个"事业编"——本来嘛，连足球前锋高俅都当了太尉，我宋江把梁山这么大的家当给了朝廷，弄个高管当，也不算过分。于是招安就成为他的工作全部。这是宋江执意改制的主观原因也是主要原因。

其次，希望政府注资。通过改制，政府注入资金，能够确保企业经营的资金链不至于断裂——当时梁山人口高达十万人之巨。我们粗略算一下：北宋后期米价约为每石一两银，一石约合59.2公斤，这个价格应该不算高，因为当时袁隆平先生还没有出世，高产杂交稻还没有诞生，在亩产非常低的情况下，自然物以稀为贵。假设每人每天消耗粮食2公斤，那么梁山仅仅粮食一年也要开销120万两银子，这还不包括酒肉、绸缎、一百单八将高管年薪。当然这些年，集团先后打祝家庄、曾头市，获得一定的资金补充，但是要知道地主老财的财产大部分是不动产，是搬不走的土地和宅院，能搬走的金银细软，数量有限，解决不了根本问题。智取生辰纲，总量也不过十万两，赚大富翁卢俊义上山，也就新增资产万贯。即使如此，也撑不了多久。所以说，方圆八百里的水泊梁山显然不能满足梁山集团的生存需求，资金链的脆弱是宋江选择改制的一个重要原因。守着水泊梁山，过个太平日子，并非长久之计。所以宋江在"外面的世界很精彩，外面的世界很无奈"的矛盾中选择了改制。

最后，希望组织漂白。大凡黑社会组织，终极命运要么是被政府镇压，要么是成功漂白。宋江希望通过招安来漂白，但是要漂白，黑社会本身就需要组织转型，进行企业化改造。宋江那时候没有这么多途径，所以梁山组织的转型就是从打出"替天行道"的旗号开始，意思就是：我们不是黑社会，而是因为社会黑、政府腐败、正义无法得到伸张，于是我们梁山好汉自己来伸张正义。应该说宋江的这一招"高，实在是高"，不但给自己的黑道生意从道德上解了围，而且也等于是在向政府喊话，表明自己无意对抗政府，愿意被政府纳入体制内。显然我们的宋大哥希望通过改制，顺利漂白，得到政府公权力的确认。

然而改制存在两大阻力。

一是集团内部有相当一部分中层管理者持反对意见。这种反对首先在菊花会上暴发。当时，重阳将近，宋江安排筵席，会同众兄弟一起赏菊花。其间宋江大醉，取来纸笔，乘着酒兴，作了一首《满江红》词。写毕，让乐和吟唱这首词，正唱到"望天王降诏早招安"，只见武松叫道："今日也要招安，明日也要招安去，却冷了弟兄们的心！""黑旋风"便睁圆怪眼，大叫道："招安，招安，招甚鸟安！"只一脚，把桌子踢起，颠做粉碎。宋江大喝道："这黑厮怎敢如此无礼？左右与我推去，斩讫报来！"众人都跪下求情。宋江酒醒后，忽然发悲，便叫武松："兄弟，你也是个晓事的人，我主张招安，要改邪归正，为国家臣子，如何便冷了众人的心？"鲁智深却接过话茬："只今满朝文武，多是奸邪……怎洗杀得干净？招安不济事，便拜辞了，明日一个个各去寻趁罢。"

其实早在第32回，武松与宋江一个欲投二龙山，一个欲奔清风镇，相别于瑞龙镇，宋江曾经这样劝导武松："如得朝廷招安，你便可撺掇鲁智深、杨志投降了。久后青史上留一个好名，也不枉了为人一世。我自百无一能，虽有忠心，不能得进步。兄弟如此英雄，决定做得大事业。"这时候宋江尚未在梁山立足，便打了个提前量，给武松灌输招安的道理。其实对于招安，武松一开始是自愿的，武松与宋江邂逅于孔太公庄，武松自己也曾经说过一番话："天可怜见，异日不死，受了招安，那时却来寻访哥哥未迟。"这说明招安本来对武松还是具有吸引力的。但是大家应该知道，当时宋、武两人正亡命天涯，希望通过招安重新开始正常人的生活，所以追求招安也是顺理成章。然而现如今，梁山万事俱备，年岁丰足，对于武松这样的中层来说，这样的生活已经是理想中的理想，所以菊花会上宋江一提招安，曾经渴望招安的武松便第一个唱反调，足以说明反招安的观念在中层是多么普及而强烈。

不久，朝廷差太尉陈宗善，携带御酒十瓶，赦罪诏书一道，前来招安。宋江与众人道："我们受了招安，得为国家臣子，不枉吃了许多时磨难，今日方成正果！"这时候一向挺宋的吴用却笑道：这番必然招安不成；等这厮引将大军来到，杀得他人亡马倒，梦里也怕，那时方受招安，才有些气度。吴用的目的，用现在的话讲就是先积累谈判的筹码，再寻求谈判的主动权。宋江道："你们若如此说时，须坏了'忠义'二字。"苦大仇深的林冲道："朝廷中贵官来时……未必是好事。"关胜便道："诏书上必然写着些唬吓的言语，来惊我们。"徐宁又道："来的人必然是高太尉门下。"大家应该知道这时候钦差大臣已经到达济州，招安既成事实的情况下，依然有这样强烈的反对声音，说明宋江的招安并不代表民意。

就在这些高管直抒胸臆，反对改制时，阮小七这些中下层管理人员，清楚自己人微言轻，就采取消极抵制的行为来反对改制。阮小七一行迎接御酒，他一连吃了四瓶，然后将剩余六瓶，全部分给水兵，最后装上十瓶散装白酒，再放在龙凤担内。这种"狸猫换太子"的做法，显然是想引发梁山的公愤，阻挠改制。然而面对种种质疑，宋江却道："你们都休要疑心，且只顾安排接诏。"

然而事与愿违，诏书上并无抚恤招谕之言，萧让却才读罢，只见黑旋风李逵从梁上跳将下来，就萧让手里夺过诏书，扯的粉碎，便来揪住陈太尉，搂拳便打。宋江、卢俊义见势不妙，亲身上马，将太尉一干人护送下三关。第一次招安，就这样不欢而散，然而宋江把众头领召集来筵席时却说："虽是朝廷诏旨不明，你们众人也忒性躁。"上次笑反招安的吴用这一次却非常严肃甚至有些责备："哥哥，你休执迷！招安须自有日，如何怪得众兄弟们发怒？朝廷忒不将人为念！"众人道："军师言之极当。"可见改制前反对改制是当时集团内的主流意识。

在"挂牌改制"后，政府对企业的投资迟迟没有兑现到位，而且梁山自身资源屡屡被朝廷滥用，甚至所有的固定资产无偿划归"国有"，同时梁山的品牌资产也因为改制彻底化为乌有。因此改制后主流民意从反对招安转变为后悔招安。特别在第110回宋江率部平息王庆之乱，时值正旦，百官朝贺。

"国资委"负责人蔡太师故意冷落梁山，退朝后，宋江面带忧容，心闷不乐，叹口气道："想我生来八字浅薄，命运蹇滞。破辽平寇，东征西讨，受了许多劳苦，今日连累众兄弟无功。"黑旋风李逵道："哥哥，好没寻思！当初在梁山泊里，不受一个的气……讨得招安了，却惹烦恼。放着兄弟们都在这里，再上梁山泊去，却不快活！"宋江大喝道："这黑禽兽又来无礼！如今做了国家臣子，都是朝廷良臣。你这不省得道理，反心尚兀自未除！"李逵又应道："哥哥不听我说，明朝有的气受哩！"果不其然，次日，天子传旨，出榜禁约："但凡出征官员将军头目，许于城外下营屯扎，听候调遣。非奉上司明文呼唤，不许擅自入城。如违，定依军令拟罪施行。"有人看了，径来报知宋江。宋江转添愁闷，众将得知，亦皆焦躁，尽有反心，只碍宋江一个。大家注意最后一句："尽有反心，只碍宋江一个"。这时候宋江已经成为招安的孤家寡人了。再后来，水军头领特地来请军师吴用商议事务。俱对军师说道："朝廷失信，奸臣弄权，闭塞贤路。俺哥哥破了大辽，灭田虎，如今又平了王庆，止得个'皇城使'做，又未曾升赏我等众人。如今倒出榜文，来禁约我等，不许入城。我想那伙奸臣，待要拆散我们弟兄，各调开去。今请军师做个主张……杀将起来，把东京劫掠一空，再回梁山泊去。"吴用道："箭头不发，努折箭杆。自古蛇无头而不行……他若不肯做主张，你们要反，也反不出去！"六个水军头领，见吴用不敢主张，都做声不得。吴用回至中军寨，来与宋江闲语，计较军情，便道："仁兄往常千自由，百自在，众多弟兄亦皆快活。自从受了招安，与国家出力，为国家臣子，不想倒受拘束，不能任用，兄弟们都有怨心。"次日早起，宋江会集诸将："自古道：'成人不自在，自在不成人。'""我等山间林下，卤莽军汉极多。……如今不许我等入城去，倒是幸事。你们众人，若嫌拘束，但有异心，先当斩我首级，然后你们自去行事。不然，吾亦无颜居世，必当自刎而死，一任你们自为！"众人听了宋江之言，俱各垂泪设誓而散。可见，这时候，作为改制的倡导者，宋江不得不为改制的失败而寻找借口，甚至不惜利用兄弟感情，要挟部下保持一致，以死捍卫改革成果。

二是来自"国资委"的反对意见。"国资委"最初的改革方案是资产收购，人员强制解除劳动合同（不是协议解除）甚至是强制解除人身自由。所以"国资委"三番五次反对改制方案。要知道梁山得罪的是当今最红的政治明星：蔡京、高俅。最初梁山的成名作就是劫持蔡太师的生辰纲，而后宋江又在江州弄出天大的案子，让蔡九公子很难堪，特别是卢俊义一案，梁山打下了北京大名府，将梁中书的一家（虽然梁中书夫妇逃脱了）都给杀了。要知道梁中书正是蔡京的乘龙快婿。至于高俅，梁山上好多人都和他有深仇大恨，如林冲、柴进，等等，而他的堂弟高廉又为梁山在高唐州所杀，虽然被梁山俘虏后，宋江待若上宾、曲意逢迎，但是高廉身为"国防部长"，带兵讨伐失败，这个威风扫地的仇恨恐怕没齿难忘。宋江在黑道上游刃有余，但是比之朝堂之上的黑道却还是九牛一毛。像高俅这样的人，仇恨岂是能够化解的？朝廷既然有这么两个重量级的人物对梁山不友好，招安路上的坎坷是显而易见的。何况梁山前期对抗政府的时候，还得罪了其他一批场面人物，比如三山打青州的时候，将慕容"市长"一家全杀了，而慕容"市长"是慕容贵妃的弟弟，也就是等于将慕容贵妃的娘家人全杀了，这等大仇，慕容贵妃难道不会给宋徽宗吹枕边风？再比如总参谋长童贯上将两次征讨梁山失败，梁山固然打的是自卫反击战，但是童总长能高兴吗？朝中树了如此之多的大敌、强敌、劲敌，即便招安，哪里会有善终？同执政党的政治流氓相比，在野党的宋江只能算是江湖混混，所以梁山招安后的下场实属意料之中。宋江对朝廷的大势毫无认知，这种情况下，寻求招安岂不是自取灭亡。

　　然而宋江一意孤行，即使在两赢童贯、三败高俅，与"国资委"的负责人结下血海深仇后，他依然痴心不改。为了招安，宋江可谓费尽心机，重金贿赂了宋徽宗的"秘书长"太尉宿元景，甚至开展夫人外交，与宋徽宗的情妇李师师取得联系，得以面见这位国家元首，恳切陈词，详述了改制的理由，递交了改制的申请。在国家元首的亲自干预下，虽然面对许多高管、中管、基管的反对声音，但宋江铁的意志，还是让改制方案获得通过。当然对于这个改制方案，"国资委"也是情非所愿，但毕竟官大一品压死人。在国家元首的授意下，他们不得已接受了梁山的改制方案，梁山这家民营企业终于挂上"国有"的招牌，成为朝廷的分公司。

　　当然，挂牌改制后，梁山与"国资委"曾经有过一段蜜月期，为了欢迎梁山的上市，政府还组织了一次盛大的"阅兵仪式"，"是时，天子引百官在宣德楼上，临轩观看。"喜动龙颜，心中大悦。检阅完毕，天子亲设御宴，这让梁山员工好不风光。

　　然而自改制起，宋江就把梁山集团领上了一条不归路。此时的宋江一定生发出阿甘式的感慨："人生就像一盒什锦巧克力，你永远不知道下一块是什么滋味。"

毕竟，"国资委"对这么多职业经理人实在心存余悸，他们以专业化重组为由，"令宋江等分开军马，各归原所"。企图分化、削弱、瓦解梁山的综合实力，这一化整为零的设想，众头领听了，心中不悦，回道："我等投降朝廷，都不曾见些官爵，便要将俺弟兄等分遣调开。俺等众头领生死相随，誓不相舍，端的要如此，我们只得再回梁山泊去。"尽管宋江成功说服天子，收回了切割方案，但是却被派往先征辽国，后讨田虎、再战王成，末打方腊。征辽国大获全胜，打方腊却损兵折将，梁山好汉凋零殆尽，优良资产损失惨重，于是，敢于与政府分庭抗礼的梁山集团名存实亡。政府看到梁山已经没有能力垄断和操纵国家命脉，解除了心腹之患，于是将宋江独自一人打发到楚州，宋江也由一个寡头落寞为一个"寡人"。本来以为招安后有了皇粮，有了年薪，有了乌纱玉带，有了封妻荫子，但一杯毒酒却要了宋江的命，后来很多好汉也死得不明不白。真应了那句老话："飞鸟尽，良弓藏，狡兔死，走狗烹。"呜呼哀哉！

其实改制后，宋江一直对于受购方——朝廷颇有怨言。远征辽国之际，徽宗天子教中书院官员，在陈桥驿发放酒肉，赏劳三军，谁想这伙官员，贪滥无厌，徇私作弊，克减酒肉。宋江手下一军校受不得这些官员"千反贼，万反贼"的辱骂，一时性起，杀了官员。宋江哭道："我自从上梁山泊以来，大小兄弟，不曾坏了一个。今日一身入官，寸步也由我不得。"于是令那军校痛饮大醉，树下缢死。可见，宋江改制后也是身不由己，欲罢不能。

改制后，虽然水泊梁山一直受制于人，但是宋江还是有两次寻找突破的机会。

第一次的机遇是保存根基。然而由于宋江一手操纵，机遇付之东流。第83回天子亲书诏敕，赐宋江为破辽都先锋，卢俊义为副先锋，宋江得意忘形，竟然主动提出："某等众人，正欲如此，与国家出力，建功立业，以为忠臣……只有梁山泊晁天王灵位，未曾安厝；亦有各家老小家眷，未曾发送还乡；所有城垣，未曾拆毁，战船亦未曾将来。有烦恩相题奏，乞降圣旨，宽限旬日，还山了此数事。"天子求之不得，顺水推舟，即降圣旨，着宋江与吴用、公孙胜等回到梁山泊忠义堂，一面宰杀牲口，祭献晁天王，将各家老小，各各送回原所州县，随即叫阮家三弟兄拣选合用船只，其余不堪用的小船，散与附近居民收用。山中应有屋宇房舍，任从居民搬拆。三关城垣，忠义等屋，尽行拆毁。如果说进东京宋江离开了根据地，那么回梁山宋江拆除了根据地，梁山从此没有了自己的生产基地，也没有了自己的垄断市场，更没有了自己的回旋余地。

第二次的机遇是跨国发展。征辽途中，辽国欧阳侍郎早已洞察出宋朝廷对梁山的打压之意，力劝辽国郎主出重金，整体收购梁山。他开出的收购价码是：封宋江为镇国大将军，总领辽兵大元帅，众头目尽数封官爵。应该说这一次收购方案要比招安时全部资源无偿划归国有要强百倍。面对这一次千载难逢的机会，连吴用听了，也肚里沉吟："欧阳侍郎所说这一席话，端的是有理。我等三番招安，兄长为尊，只得个先锋虚职。若论我小子愚意，弃宋从辽，岂不为胜，只是负了兄长忠义之心。"可惜的是，这一收购案由于宋江"纵使宋朝负我，我忠心不负宋朝"的决心而胎死腹中，就这样，一个跨国大公司流产了。

　　所以说，如果不是因为渴求资金而放弃了控股权，梁山的命运也不至于那么惨，如果吸收朝廷资金入股，但维持自己的控股权，有一块地盘，有一个团队，那日子不是旱涝保收？但宋江为了自己的荣华富贵，把控股权转让出去。改制失败了，葬送了宋江，也葬送了梁山。"梁山的迷失"其实也恰好是梁山改变历史的机遇所在。正如企业的高速成长，必然伴随着企业的扩展、突破以及多元化等方面的战略抉择，此刻往往是一个企业的巅峰时刻，但也是一个企业走向辉煌与走向衰败的分水岭，更是一个企业家的最大赌局，赢则得天下，书写传奇；输则失天下，唯余败笔。在企业界有一句名言：企业做到行业第一，就选择上市；做到第二，就等待收购。梁山的困局也正是寻求独立上市还是被收购。其实梁山的困局注定是悲剧，无法自解，因为"四海之内，莫非王土"，你再怎么折腾也都是在别人的土地上打转，只是寻求独立上市无非更加悲壮，但梁山最终选择了被收购，以注定之中的失败而告终。当然，在改制过程中，宋江没有解决好收购条件、文化差异、人才兼容等细节性问题，这也大大加快了梁山淡出市场的进程。

　　改制，无论对于宋江，还是对于梁山，都是一杯毒酒。然而，当代社会，不少人视改制为包治百病的灵丹妙药，盲目迷信，大加追捧。梁山血淋淋的教训告诉我们：改制，有时候是诺亚方舟，但更多时候是泰坦尼克，请你离岸之前，一定要看一看你的船票是不是对应你的轮船。

　　其实对于招安，如果用博弈论来分析，宋江的选择应该算是正确的。

　　作为对立的双方，朝廷和宋江之间存在一场博弈，而且从理论上讲，他们之间的博弈不会是零和博弈，也不会是负和博弈，而是正和博弈。作为博弈双方，朝廷和宋江分别各有两种纯战略机制可供选择。

从朝廷与宋江博弈收益矩阵我们可以看出：

		朝廷策略	
收益（朝廷／宋江）		招安	拒绝招安
宋江策略	接受招安	N/P	0/0
	拒绝招安	0/0	M/Q

朝廷与宋江博弈收益矩阵

朝廷的两种选择，一种是武力解决，通过付出惨重的代价、冒着亡国的危险，武力消灭宋江（要知道，当时梁山实力正如日中天，朝廷也面临着内忧外患——内有各路起义大军，外有辽国虎视眈眈），这一策略的结果是两败俱伤，此选择获得的效用 M ≤ 0。另一种是和平招安，使其为大宋所用，利用其抗辽并平定国内各农民军，这一策略的结果是不均衡双赢，此选择获得的效用 N > 0；

宋江的两种选择，一种是武力对抗，以梁山为据点，继续打着"替天行道"的大旗，与朝廷对抗到底。这一策略的结果，要么是分庭抗礼，要么是全军覆没。因此，此选择获得的效用 Q ≤ 0。另一种是接受招安，这一策略既可以获得大多数人升官发财的机会，又可以为替天行道的大旗正名，此选择的效用 P > 0。

只要博弈双方都是理性人，那么这一博弈的结果肯定是招安和接受招安。无论双方信息是否完全，决策是否同时，宋江的占优策略都是接受招安。因为这是唯一的存在正和可能的博弈策略。然而，为什么最终朝廷消灭了梁山，博弈结果由正和（双赢）演化为零和（一赢一输）？责任完全在于博弈的另一方——朝廷。应该看到，招安前期，曾经出现了短时间的正和局面——朝廷通过招安，利用梁山征战辽国、肃清王庆、田虎、和方腊三股独立势力。而梁山也通过招安，不仅封官加爵，而且博得热爱祖国的社会美誉度，实现了由盗而道的理想追求。然而，管理学告诉我们：管理最大的难题是不可控制变量。没有哪一家成功企业是因为不可控制变量的自行推进而发展起来的，但几乎每一家失败的企业都是因为不可控制变量的意外作用而导致崩溃。如今，朝廷不按套路出牌，翻手为云，覆手为雨，成为宋江面临的不可控制变量。他已经既无法预料改制进程，也无法左右改制结果了。

其实，即使面对朝廷不可控制变量，宋江依然可以借助于另外一场博弈，赢得自己的主动权。

淮西王庆、河北田虎、江南方腊原本与山东宋江"同是天涯沦落人，相逢何必要死人"？虽然三位与宋江的主子朝廷苦大仇深，积怨已久，是敌我矛盾，但三位与宋江往日无冤，近日无仇，至多是因为市场竞争而形成的人民内部矛盾，宋江根本没有必要用你死我活的方式来解决。现在宋江归顺朝廷，代表国家征讨三位，原本朝廷与宋江的博弈，演变为宋江与三方的博弈。在这一次博弈中，宋江采取了错误的博弈策略——武力消灭。这一选择的结果是两败俱伤，王庆、田虎、方腊垮了，但梁山也垮了，梁山优良资产极度缩水，改变了朝廷与宋江博弈的前提条件，武力消灭梁山将会给朝廷带来大于0的策略效用，那么梁山的穷途末日、日薄西山、山穷水尽也就成为大势所趋，在所难免。

相反，如果宋江能够采取和平招安的策略，那么，王、田、方必然会聚到宋江的大旗下，那么梁山集团的连锁店就会开到淮西、开到河北、开到江南，梁山集团就会由一个地方企业发展为垄断全国的行业寡头，这样，对梁山可以保而全之，甚至对朝廷可以取而代之。决策失误是最大的失误。

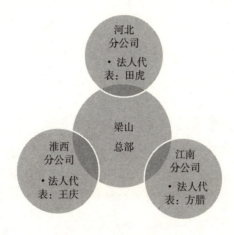

梁山全国连锁店网络图

大泽龙蛇

纵观梁山的历史，一共经历了三个发展时期，这三个发展时期分别由三任 CEO 领航。第一任为王伦，第二任为晁盖，第三任为宋江。下面，我们把三位 CEO 放在历史的空间下，进行比对和鉴别，弃其糟粕，取其精华。我们的分析从个人性格和领导行为两个方面入手。

一、个人性格的差异

1. 王伦

黄永玉先生在著名的《大画水浒》中为梁山第一任 CEO 王伦画的肖像中，这样点评王伦：是非总是来不及细论。不过，我还想添上一句：再牛的肖邦，也弹不出王伦的悲伤！

梁山的创始老板、第一任 CEO 王伦，最初"是个不及第的秀才，因鸟气，合着杜迁来这里落草"。看来，王伦读过一点书，高考落榜，在社会上碰了壁，不尽如人意，无奈之下，和杜迁两人投奔柴进。第 11 回林冲雪夜奔梁山，路遇朱贵，书中有一段交代："王伦当初不得第之时，与杜迁投奔柴进，多得柴进留在庄子上住了几时。临起身，又赍发盘缠银两。因此有恩。"这说明水泊梁山的第一桶金应该来自柴进，正是柴进的赞助，使得王伦具备了启动资金，拉了一批人马上梁山，搞点"实业"。这个王伦，本事和胸怀不大，口气和野心却不小，公然与朝廷叫板。王伦的致命缺陷在于：既不能正确认识自己，又不能正确认识别人，对自己表现出一种极度的自卑甚至自虐，对别人表现出一种异常的嫉妒甚至恐惧。林冲是拿着柴进的介绍信上山报到的，而柴进是水泊梁山的第一位出资人。面对恩人兼股东的举荐，王伦却寻思道：我又没十分本事，杜迁、宋万武艺也只平常。他须占强，我们如何迎敌？不若发付他下山去便了，免致后患。于是，取五十两白银、两匹丝，起身说道："小寨粮食缺少，屋宇不整，人力寡薄，恐日后误了足下，亦不好看。略有些薄礼，望乞笑留。寻个大寨，安身歇马，切勿见怪。"对于这种过河拆桥的行为，马仔朱贵也忍无可忍："山寨中粮食虽少，近村远镇可以去借；山场水泊，木植广有，便要盖千间房屋却也无妨。"大兄弟杜迁也苦口婆心："哥哥若不收留，柴大官人知道时见怪，见的我们忘恩背义。"二兄弟宋万更是仗义执言："不然，见得我们无义气，使江湖上好汉见笑。"见左右无不劝谏，王伦只好给自己找了个"投名状"的台阶，给林冲落了个"临时户口"，办了个"暂住证明"。第11回有一诗句：未同豪气岂相求，纵遇英雄不肯留。充分暴露了王伦的小人之心。

王伦心胸狭小，江湖传闻颇广。比如，第15回阮小二便曾对吴用说过："我弟兄们几遍商量，要去入伙，听得那白衣秀士王伦的手下人都说道他心地窄狭，安不得人……因此我弟兄们看了这般样，一齐都心懒了。"再如，第17回杨志欲投梁山泊，曹正也劝他："小人也听得人传说，王伦那厮，心地偏窄，安不得人。"于是推荐杨志去青州二龙山入伙。大家注意，阮小二一句"心懒了"，实在意味深长——"我本有心向明月，奈何明月照沟渠。"一个人的胸怀决定了一个人的口碑，一个人的口碑，决定了一个人的圈子。王伦的胸怀注定他只能画地为牢，将自己与朋友绝缘、与成功道别。

笨人的可怕不在于笨，而在于自作聪明。由于林冲与杨志互不相识，林冲欲取杨林首级，给王伦递交投名状，以获取在梁山永久居住的"绿卡"。打斗正酣，王伦识出了青面兽杨志，便力邀杨志上山，但是王伦请"兽"上山的真实动机却是："若留林冲，实形容得我们不济，不如我做个人情，并留了杨志，与他作敌。"发动群众斗群众，这充分说明王伦的心理是多么晒不得太阳。

当众好汉智取生辰纲，东窗事发，投奔梁山时，本来，晁盖并不想获得梁山的控股权，而只是提出入股梁山泊，他当时的诉求非常简单，但求梁山上的三样："农妇、山泉、有点田。"但是，王伦的愿景就是：守着太平摊子，过安稳日子。他担心"请神容易送神难"，也担心"强龙偏压地头蛇"，因此断然拒绝了晁盖的申请。无奈何，投资无门的晁盖团队，干脆和心怀不满的林冲，共同发动了一场血腥的恶意收购，彻底改组了梁山。

对于王伦，林冲早就心生不满。他上山时，王伦百般刁难，"雪天三限"；昔日天下闻名的东京八十万禁军教头，却只坐得小小山寨的第四把交椅，甚至屈居于除了身材高大一无所长的杜迁、宋万之下。

而王伦也心知肚明：众人里面，唯一具备夺寨实力的，就是这位林冲。因此他一直耿耿于怀，王伦时常"心术不定，语言不准"，恰恰是防备心理的自然流露，久而久之，就形成了王伦越是防备林冲，林冲就越是憎恶王伦的恶性循环，双方的敌对与日俱增。只是林冲唯恐寡不敌众，也就忍气吞声；而王伦明知技不如人，也就隐而不发。因此，在山寨相对平衡和稳定的环境中，谁也没有先发制人，倒也相安无事。而晁盖团队的到来，打破了这种脆弱的平衡和虚假的稳定。

从王伦的角度来看，这伙人比林冲更难以驾驭——太岁头上敢动土，胆量足以活吞整个梁山，真金实银十万贯，财富足以收买全部人心，要知道他和他的手下都是被一文钱难倒而上梁山的，眼下来了这样一个大财团，谁能保证不会嫌贫爱富、见异思迁？而更可怕的是，就这七八个人，竟然还打败了何涛所率领的五百官军，晁盖的江湖威望、吴用的算无遗策、公孙胜的神通广大、阮氏三兄弟的水上功夫都远在山寨诸人之上，山寨中唯一拔尖人才——林冲尚且不是嫡系部队，更不是依靠力量。

此时，王伦有三种选择。

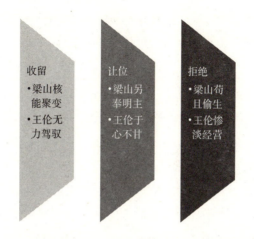

第一种选择是收留。这样一来，梁山实力将会呈现聚变的核能量，但王伦显然对驾驭大场面没有信心，交椅甚至生命，朝不保夕；此外，这伙人已经劫了官银，打了官兵，想必官府不会善罢甘休，可以想见的大兵压境，也将打破王伦"小盗即安"的"太平强盗"梦。因此王伦迅速否定了这种可能。

第二种选择是让位。将寨主地位让与晁盖，自己求其次，虽然失去权力，但是可以保全性命，况且作为开寨元勋，既不必殚精竭虑、提心吊胆，又不缺绫罗绸缎、美酒佳肴，何乐而不为？然而，以王伦的智慧和胸襟，显然无法做出这一明智的抉择。明知抓不住，却偏不放手，一个最不适合做寨主的人，却创建了梁山——命运和王伦开了一个残酷的玩笑。

第三种选择就是拒绝。对王伦来说，这是最为渴望也最为意淫的选择，是最具诱惑也最具风险的选择。就像当初对待林冲一般，王伦又玩起了"花钱买平安"的招数。然而，王伦忘记了一点：当初没有能够把单枪匹马的林冲打发走，今天又怎么可能赶走武艺超群、谋略出众、资金丰厚的七人集团？

对于这三种方案，连林冲都认识到："今日山寨，天幸得众多豪杰到此，相扶相助，似锦上添花，如旱苗得雨。"但是作为 CEO 的王伦，却"只怀妒贤嫉能之心，但恐众豪杰势力相压"。

人格的缺陷，往往导致人生的缺陷。在拒绝晁盖七英雄的加盟申请后，王伦的悲剧不可避免地发生了。当王伦选择了第三种方案之后，一切都已经没有悬念——为了梁山的发展壮大，王伦非死不可；为了他林冲有一个更好的地方安身立命，王伦非死不可。平日敢怒不敢言的林冲终于爆发了："你这嫉贤妒能的贼，不杀了，要你何用！"去心窝里只一刀，便将王伦刺杀在山南水寨亭上。可怜王伦苦心经营多年，今日死在林冲之手。在人生的最后一刻，王伦大叫"我的心腹在哪里？"然而左右无人应答。在王伦为晁盖举行的送别宴上，送走的不是晁盖，而是"一山不容二虎"的梁山创始人王伦。所以第19 回有一诗句：胸怀褊狭真堪恨，不肯留贤命不留。

有多大的心胸，做多大的事业。这就是王伦——水泊梁山第一任 CEO，用生命代价留给我们的启示。

2. 晁盖

"智取生辰纲"是一场中外兵家津津乐道的经典的阻击战。两位消息灵通且互不相识的人士——公孙胜和刘唐，不约而同地生出劫取生辰纲的念头，不约而同地跑到郓城，不约而同地说服两人均不认识的当地保正晁盖出任行动组长。大家应该注意到，公孙胜和刘唐抵达郓城后，没有寻求供职于郓城县府的宋江合作，而是到偏居乡下的东溪村照会晁盖，可见当时宋江的知名度远远不及晁盖。那么到底是什么吸引了两位英雄？

第14回是这样介绍晁盖的："祖上是本县本乡富户，平生仗义疏财，专爱结识天下好汉，但有人来投奔他的，不论好歹，便留在庄上住；若要去时，又将银两赍助他起身。"晁盖的仗义疏财有例为证：智取生辰纲后，朱仝、雷横奉命捉拿犯罪嫌疑人，行动小组不得不战略性撤退，而这时晁盖"却叫公孙胜引了庄客先走，他独自押着后。"一个党外人士能喊出"你们撤退，我来掩护"的台词，难能可贵。第20回晁盖坐稳梁山之后，首先想到两件事情："俺们七人弟兄的性命，皆出于宋押司、朱都头两个……将些金银，使人亲到郓城县走一遭。此是第一件要紧的事务。再有，白胜陷在济州大牢里，我们必须要去救他出来。"要知道，这时候白胜已经成为革命的叛徒，向政府举报晁盖他们的正是这个白胜。但即使对于叛徒，晁盖都要冒死营救，足可见这个人的义气和胸怀。当听说宋江在江州遇险后，晁盖倾梁山之兵力远征江州，暴力劫法场，把自己的竞争对手接到身边，并且一回梁山就提出把梁山寨主的位置让给宋江。能够做到这个地步，晁老大就是晁老大，他的仗义不得不让人肃然起敬，他的仗义，也使得他完全有资格站到梁山的权力之巅。

林冲火并王伦之后，坚决把晁盖推到第一把交椅上，黄袍加身。事实上，假如林冲当时真的起了贪念，做了寨主，梁山很可能会出现第二次火并。扶晁盖上位，是林冲一生中最有智慧的抉择之一。

晁盖就任 CEO 后，首先着手重组"董事会"。将吴用排在第二位，负责"执掌兵权，调动将校"；将公孙胜排在第三位，理由是"名闻江湖，善能用兵，有鬼神不测之机"，林冲居第四位。这四位组成了梁山新一届董事会。晁盖、公孙胜、吴用三位凭借十万生辰纲成为大股东，而林冲成为独立董事。自此梁山大局已定。

其次是着手新建经营班子。经营班子的成员，从第五把交椅开始。晁盖先谦虚一番，做出高姿态："今番须请宋、杜二头领来坐"。杜迁、宋万两人唯一的优点，就是有自知之明，他们想："自身本事低微，如何近得他们？不若做个人情。"两人坚决推辞了盛情，明智选择了垫底。难怪黄永玉《大画水浒》中，在画到杜迁时，评论道："看定自己没有真本事，倒是人生第一大学问。"而在画到宋万时，黄永玉则点评道："王伦的毛病，就在于有自知之明，却舍不得放手。当个社会贤达有何不好？"杜、宋二位头领不用劳力费神，照样分金得银，穿红披绿，喝酒吃肉，当个社会贤达，混个小康生活，不亦快哉？何必像王伦一样，为了一个势必失去的位置死于非命？

刘唐排在第五名，他是第一个带来生辰纲情报的人，功劳不小。三阮的排列是第六、七、八位，按兄尊弟卑的次序排列——在功劳和能力没有明显区别的情况下，只能由伦理和习惯来发言；垫底的是杜迁、宋万、朱贵，按原来的顺序，分别坐了第九、十、十一位。

至于其他的王伦旧部，晁盖叫他们"各依旧职，管领山前山后事务，守备寨栅滩头，休教有失"。在高层大地震之后，对于底下的虾兵蟹将来说，给谁打工不一样呢？

董事会、经营班子构建完成后，梁山步入晁盖时代。这一阶段的薪酬制度改革不失为一亮点，也凸现晁盖的阶级观念。

我们来看看晁盖上山后的第一笔业务盈余（当然还是打劫）是怎么进行分配的："便叫掌库的小头目每样取一半收贮在库，听候支用；这一半分做两份，厅上十一位头领均分一份，山上山下众人均分一份。"

□公务事务
■十一头领
■七百喽啰

首先，我们可以推断梁山当时已经有了专职的会计核算人员和仓库保管人员，职能分工趋于细化。其次，将打劫所得的财物，平均分为公私两部分：一半用于山寨的公共事务，如修整寨栅、打造军器、赏赐有功之士、贿赂官府之人、安顿头领家小，等等。这部分钱，是企业留存的未分配利润，用于各种成本费用开支和扩大再生产。而余下的一半财物，又平均分成两份，也就是说，全部财产的1/4，由十一位管理员均分；另外的1/4，由七八百号喽啰均分。由此可见，晁盖的薪酬体系，在不同阶层之间，收入差距拉得很开；在相同阶层之内，则实行平均主义。虽然身在梁山，但是地主阶级的遗余思想，让晁盖选择了跳水式的收入落差。我们可以作个推算，当时梁山高收入与低收入比率为70倍！梁山的基尼系数高得吓人，远远超过0.4的国际公认警戒线，这是一个何其危险的贫富差距！倘若是王伦执政，即使不是林冲，这个贫富差距也是会要他命的。而晁盖却能在倾巢之下，保全危卵，足见晁老大还是具备相当高超的驾驭能力的。

"晁盖新政"时期的梁山，生产规模持续增长，市场品牌持续扩大。应该说，晁盖对梁山的历史贡献功不可没。总体说来，晁盖不失为一位称职的管理者。当然，与他的继任者宋江相比，晁盖还是存在两个方面的缺陷。

其一，谋事不周。晁盖上梁山以后，对于占山为王、衣食无忧的现状非常满足，既没有制定发展纲领，也没有壮大革命队伍；既没有长远的规划，也没有近期的打算；既没有考虑梁山的前途，也没有考虑兄弟的归宿，只是"义气用事"，整日里与弟兄们"逐日宴乐"。没有远虑，没有近忧，没有进取心，没有紧迫感。可以说晁盖天生不是一个愿意操心、善于操心的主儿。这一点早在他的处女作——劫取生辰纲时就暴露无遗，应该说这是一次把脑袋拴在腰带上的行动，如此重大的决策，作为行动小组组长，他没有给自己和团队预先谋划退路，以至于在宋江通风报信时不知所措，乱了阵脚。第18回晁盖道："事在危急，却是怎地解救？"吴学究道："三十六计，走为上计。"晁盖道："却是走那里去好？"吴用道："一径都奔石碣村三阮家里去。"晁盖道："三阮是个打鱼人家，如何安得我等许多人？"吴用道："兄长，你好不精细！石碣村那里一步步近去，便是梁山泊。"晁盖道："这一论极是上策，只恐怕他们不肯收留我们。"吴用道："我等有的是金银，送献些与他，便入伙了。"你看，这四个"晁盖道"和四个"吴用道"泾渭分明，也将晁盖的谋事不周刻画得淋漓尽致。

谋事不周的缺陷最终误了卿卿性命，为晁盖的生命画上一个露白的句号。在攻打曾头市时，晁盖显然准备不足。准备不足有三方面：一是对对手实力准备不足。晁盖率队远征，人家是以逸待劳，且有五七千人马，而梁山是疲惫之师，只有五千人马，显然不足以取胜。二是对战场地势准备不足。"曾头市是个险隘去处，周围一遭野水，三面高冈，河港似蛇盘，柳林如雨密。"然而晁盖对战场的地形地势的掌握严重不足。三是对作战方案准备不足。在与曾家军对阵时，曾魁、曾涂阵前叫骂，身为三军统帅却不能泰然处之，而是盛怒之下，冲昏头脑，催马出征，这是十分鲁莽的行为。而结果正如书中所言"众将怕晁盖有失，一发掩杀过去"，整支队伍乱了套，根本发挥不出战斗力，只能是混战一场。

其实晁盖谋事不周，与他的经历休戚相关。作为保正，只要高迎远送，伺候好上级（比如都头雷横之类）就万事大吉；作为地主，只要不违农时，收取好租子，就四季不愁；然而作为梁山老大，必须对兄弟们的衣食住行、吃喝拉撒，事无巨细，统筹兼顾，以晁盖的性格，人少时还能凑合，人多了就玩不转了。

其二，沟通不畅。晁盖出生于富家地主，再加上平时仗义疏财，很多人都是他的帮扶对象，换言之，他是很多人的救世主，在他生活的圈子里，他总是一号。这种鹤立鸡群的优越感，让他没有机会学习如何争取人心，这是他的致命弱点。有例为证，那便是对待俘虏黄安。黄安可以说是晁盖当一把手时真正意义上捉得的俘虏，然而晁盖对待他是"锁在后寨监房内"，从没有想过招降他，这是因为晁盖看不起手下败将，认为他对梁山毫无作用和意义，于是就这样关着他一直到死。大家可以想得到，如果换成宋江，必定会抛出那套"暂居水泊、替天行道"的理论，给黄安洗脑，招募为自己人。黄安未必有多大本事，但也未必输给山寨中的一些人，毕竟他被捉前还是一名团练使，即使武功不济，但多一个卖命的人，又何乐而不为呢？再列举一下梁山一百单八将，真正靠晁盖关系上山的，其实只有共同劫取生辰纲的七位，而靠宋江关系上山的人多如牛毛，比比皆是。由此看出，晁盖的组织行为学方面的知识和能力，远远逊色于宋江。造成这种差别的根本原因就是两人处于不同的成长环境，晁盖不是不能像宋江一样为人处世，而是没机会去学。晁盖的失败让我们记住：人是群居性的动物，所以必须学会在人群中生存，而沟通就是在人群中生存的法宝。

3. 宋江

宋江在他居住、生活的小城也算得上知名人物，父亲是庄园主，本人是公务员，有机会接触很多人和事，他深知统治者不得人心，也深知老百姓水深火热。夹缝生存让宋江明白一个道理：要在社会上立足，就必须讲义气、够哥们。所以，他通风报信、私放要犯，多次救英雄于牢狱之中，既为自己博得"及时雨"的名声，又为日后上梁山打下极其深厚的群众基础。试想在那个"滴水之恩、涌泉相报"的年代，你宋江抛弃个人前程，不顾九族安危，助人于困境，救人于水火，寨主非你莫属，头领舍你其谁？李逵不是说过："梁山上只有俺宋江哥哥坐头把交椅，俺才服。"你看，多么牢固的群众基础。

平心而论，就领导力而言，晁盖确确实实不如宋江。以晁盖孤傲的性格，若不是宋江三番五次地劝说，让他留守山寨，恐怕他出事的时间还要从攻打曾头市向前推移。

二、领导行为的差异

在讨论梁山三位 CEO 领导行为的差异之前，我们先简单介绍一下著名的情境领导模式。这将是我们下面的分析工具。

赫塞博士是一位著名的行为科学家，他长期致力于研究如何从不同员工行为上，来论断领导者应采取的领导模式。在20世纪60年代，他率先提出"情境管理"。情境管理从研究员工行为入手，而非注重人的复杂的思想，所以能化组织领导与管理的复杂为简单。情境管理的核心是：状态决定行为。即领导者的行为，要适应被跟随者的状态。

跟随者状态 ┤ 能力：知识、经验、技能　　意愿：信心、承诺、动机 ├ R1：无意愿也没能力　R2：有意愿但无能力　R3：有能力但无意愿　R4：有能力也有意愿

领导行为 ┤ 职责行为：确立目标、组织实施、指导过程、控制结果　　关系行为：沟通支援、鼓励互动、有效倾听、提供反馈 ├ S1教练方式：高职责，低关系　S2引导方式：高职责，高关系　S3参与方式：低职责，高关系　S4授权方式：低职责，低关系

跟随者状态包含能力和意愿两大要素。能力就是：知道如何做（知识）、曾经做过（经验）和相关技能（正在学习），最终的判断结果是"有"或"无"能力。而意愿就是：表示能做（信心）、将会做（承诺）和想做（动机），最终的判断结果是"有"或"无"愿意或信心。依此，我们可以把员工的状态分为四类，R1：既没意愿也没能力；R2：有意愿但没能力；R3：有能力但没有意愿；R4：既有能力也有意愿。

在一个组织完成某一具体任务时，任何人都会表现出一种特定状态，即四种跟随者状态中的任何一种。作为该组织的领

导，首先应该准确无误地判断员工状态，这是实施情境领导的第一步骤。

领导行为包括职责行为和关系行为两个变量，进而产生四个象限。职责行为即领导者为下属决定工作角色，告之该做什么，以及何时何地何人来做，表现为确立目标、组织实施、指导过程、控制结果。而与之对应的关系行为则涵盖了其他方面的内容，即领导者在进行双向（或多向）的沟通时，所采取的倾听、协助和给予社交支持的行为。表现为沟通支援、鼓励互动、有效倾听、提供反馈等。

通常，按照职责行为和关系行为的不同侧重，可以将领导模式分为四种：S1 教练方式：高职责，低关系，进行具体指示和严格监督；S2 引导方式：高职责，高关系，解决决策缘由并允许讨论；S3 参与方式：低职责，高关系，共同讨论并协助其自行决策；S4 授权方式：低职责、低关系，下放决策和实施权力。

将跟随者状态和领导者行为两组进行对照，就构成一个完整的情境领导模式。在执行某一具体任务时，每个员工都能从四种状态中找到自己的角色，而每个领导者也可以看到自己平时惯于的领导模式。二者是否能够对应结合是提高管理针对性、有效性的关键。如果方向一致，呈正相关，那么提高绩效理所当然；如果方向相反，呈负相关，那么管理后果可想而知。

下面，我们可以依照这一模式，来探讨领导者常常困惑不解的问题。在执行某一具体任务时，如果员工正处于 R1 状态，那么采取 S4 风格来管理必失败无疑。当一位员工是刚出校门的学生时，无论是对完成其任务的能力还是认识都还很不足的情况下，即处于 R1 状态，那么任务领导者，应该充分地诱导并给予细节建设性的指示，即采取高职责而低关系的 S1模式。

相反，对一个在知识、经验以及责任感方面都很强的员工，即处于 R4 状态，如果领导者仍沿用自己的习惯思维，过分干预，往往也起不到有效的激励，因为大凡处于此阶段的员工，其自我实现的意识都很强，他们最需要足够的反馈意见和对贡献的认可。这时候领导者最佳的选择就是充分授权，也就是低职责和低关系的 S4 模式。

总结一下，S1 风格更适用于员工状态水平低的状况；S2风格适用于员工状态水平偏低的状况；S3 风格适用于员工状态水平偏高的状况；S4 风格适用于员工状态水平高的状况。当员工的状态发生很大改观时，作为情境领导应该敢于改变领导模式，去适应员工状态的变化，而不能因循守旧，墨守成规。

也许有人会问，当员工普遍处于 R4 状态时，作为领导的你又该怎么办呢？首先，你应该得到更上级主管的嘉奖，说明你领导有方；同时，你应该把更多的时间和精力用于更高回报率的管理方式上，与其他部门合作以提高整个企业的工作业绩，进行更长期的战略规划等。

英特尔的成功就是情境管理的著名案例。赫塞甚至买断了一部叫作《危机时刻》的影片来做教学样片，进行角色分析。影片描写一位新任指挥官，在战争中接管一支士气低落的部队。一开始，他类似独裁者，要求军队严格执行纪律，走出自怨自艾的低迷情绪，展开实际行动。这种行为代表第一种风格。然后，部队成员渐渐重拾信心，指挥官慢慢将自己转换成

"参与"的角色，开始采用第二、第三种管理风格。影片最后，由于军队已能自行运作，只需偶尔适时指导，指挥官便改用第四种领导方式，扮演幕后支持者的角色。

好了，介绍完理论，我们就用情境管理的工具，来分析一下梁山的三代 CEO。

CEO	梁山阶段	员工状态	领导行为	
王伦	创业阶段	R1 无意愿无能力	S3 低职责高关系	×
晁盖	起步阶段	R1： 无意愿无能力	S1 高职责低关系	√
宋江	发展阶段	R2 有意愿无能力	S2 高职责高关系	√
宋江	高峰阶段	R4 有能力有意愿	S2 高职责高关系	×

王伦时代，梁山处于创业阶段，员工显然处于 R1 状态：既没意愿也没能力。没意愿是因为梁山当时惨淡经营，大家对梁山缺乏信心，因此工作的积极性不高。没能力是因为当时梁山缺乏高精尖人才。对应于这一阶段，管理者王伦应该采取的是 S1 领导行为。即高职责、低关系，高调做事、低调做人。然而，王伦采取的却是 S3 领导行为——低职责、高关系，一方面不务正业，另一方面拉帮结派。结果可想而知。S3 与 R1 的矛盾，表明王伦是一个失败的管理者。

晁盖时代，梁山依然处于起步阶段，员工队伍没有发生质的变化。所以说员工保持 R1 状态：既没意愿也没能力。没意愿一方面是因为梁山势单力薄，不足以给这些杀人越货的犯罪分子提供足够的安全感。另一方面是因为新加盟的员工是由于打劫而不得不在梁山苟且偷生，不得已而为之，是被动性选择，并不是主动性选择。没能力是因为梁山虽然新吸纳了几位高精尖人才，但是人才总量还是明显不足。因此说员工处于R1阶段。在宋江上山之前，晁盖独立行使管理权限，在这一期间，晁盖采取的是S1领导行为：高职责、低关系。R1与S1相匹配表明晁盖是一个称职的管理者。

宋江时代，梁山完成了原始资本的积累，梁山步入发展阶段。对于梁山前景的看好，使得所有的员工都有干事创业的欲望。宋江接管梁山时，中层干部的任职能力还是偏低，所以宋江执政的前期主要任务是吸引人才。同时，新吸纳的人才无疑具有高超的独立作战能力，但是由于派系之争、个人恩怨等各种因素，无法形成1+1>2的团队战斗力。因此这时候，员工实际上处于R2状态：有意愿但没能力。针对这一阶段的员工状态，宋江实施的是S2管理行为：高职责、高关系。一方面身先士卒，亲力亲为，另一方面加强文化建设，加强团队融炼。S2与R2的匹配，造成了宋江时代梁山的迅猛发展。

当然，宋江的失败同样也可以用情境管理来解释。在两赢童贯、三败高俅时，梁山发展已经到达巅峰。这时候，在宋江的带领下，梁山的员工已经进入第四个状态R4：既有能力，也有意愿。然而作为管理者的宋江却没有进行管理行为的转型，依然采取高职责、高关系的S2管理行为，强力推动招安决策，说得好是亲自，说得不好就是独断，如果他采取对应的S4管理行为，低职责、低关系，当好幕后策划，那么招安方案在股东大会上就不会通过，梁山也就不会这么快速破产。

总　结

宋江的 CEO 之旅终于画上了句号，我们的话题也将告一段落。我们用了这么大篇幅来回顾并分析宋江把一个团伙领导成团队的故事，希望能对大家的管理工作有所启发，愿各位管理者能用心去感悟一下宋江的管理智慧，取其精华、弃其糟粕，让管理更高效。

三个和尚的管理学

在中国，有一个故事，家喻户晓，有一首儿歌，人人皆知。这就是伴随我们童年的《三个和尚》。回放这首孩提时代的儿歌，儿时的难题再一次提交到我们面前——"**一个和尚挑水吃，两个和尚抬水吃，三个和尚没水吃，你说这是为什么？**"对于这个问题，相信大家一定有过自己的思考，有过自己的答案。

一个生命体的存在和延续，必须具备三个基本条件：阳光、氧气和水分。人对水的需要仅次于氧气，有一组数据可以佐证：人的体重 70% 是水，人一天摄入水量应该不低于 2000 毫升，人的一生大约喝掉 80 吨水。完全没有食物，人依然可以存活数周，但没有水，人只能存活三天。由此可见，水对人的重要性就是：生命不息，喝水不止，喝水一息，生命则止。

我们指责三个和尚太自私，但是诸位，一个人自私到自残的地步，大家见过没有呢？我们埋怨三个和尚懒惰，但是懒得要命，只是一句俗话，有谁会真的用要命的方式去实践、去证明一句俗话？

那么，"**一个和尚挑水吃，两个和尚抬水吃，三个和尚没水吃，你说到底为什么？**"

三个和尚一直绞尽脑汁、苦思苦想，希望探究出没水吃的原因。本来就断水断食，再加上在"'三个和尚没水吃'专题研讨会"上慷慨陈词，他们已经口干舌燥，甚至生命也岌岌可危：由于严重脱水，三个和尚已经出现了幻觉、谵妄甚至昏迷。看来，三个和尚没水吃的原因，我们无暇顾及，暂且不表。请各位跟我启程，一起寻求喝水的解决方案，以解三位的燃眉之急。要知道，救人一命，胜造七级浮屠啊。

治标之策一——三个和尚买水吃

链接：专业化与多元化是企业发展的两个战略方向。多元化战略是指企业同时经营两个以上行业，提供多种基本经济用途不同的产品或服务，进入不同市场的企业经营战略。多元化经营战略在增强企业实力、分散经营风险、发挥资源潜力、树立企业形象等方面具有十分重要的作用。当然多元化战略的弊端也是显而易见的，主要有以下三点：一是企业进入与原来业务相关度不高的新领域，可能造成组织结构不稳定；二是可能导致原有核心竞争力的丧失而新的核心竞争力难以培育起来；三是可能陷入资源短缺的境地。

专业化战略是指企业通过从事符合自身资源条件与能力的某一领域的生产经营业务来谋求其不断发展。从竞争的角度看，企业业务的专业化能够以更高的效率、更好的效果，为某一狭窄的战略对象服务，从而在竞争范围内超过对手。实施专业化战略也有不利的方面：由于企业业务集中于某一领域，因此失去其他的市场机会；容易形成较高的退出壁垒，而陷入"过度专业化"的危机。

启示：事实上，企业选择多元化或者专业化的经营战略，很大程度上取决于其所处的宏观环境、行业状况和企业的自身状况。前几年，中石化的改革一直是以专业化为方向，结果导致了高关联板块之间的运作成本抬升和运作效率降低。

根据以上理论，三个和尚抛砖引玉地提出"从前有座山，山上有座庙"，寺院特定的地理位置，为"小而全"的产业布局提供了存在理由，如果不从寺院的实际出发，盲目追求专业化，结果适得其反。为了佐证自己的观点，他们甚至从故纸堆里翻出一度沸沸扬扬的石油企业生活系统剥离改革作为反面案例——由于油田地处偏远，招待所、食堂、公寓是石油勘探、开发必不可少的重要保障，按照专业化的要求，进行一刀切式的关停并转，不仅不能达到精干主营业务的目的，而且会使主营业务丧失立足的基地。

然而针对"小而全"的建庙思路，有一位香客"不敢苟同"，提出了自己的意见：走专业化强寺之路，至于喝水问题，借助市场机制加以解决——三个和尚买水喝。

毋庸置疑，这个方案的倡导者肯定是一位"80后"或者"90后"。在他的科研报告中，陈述了以下的理由。

从国际经济发展趋势说：当前全球经济出现一体化趋势，我国又成功地进入 WTO，所以我们要用产业全球化的思维，优化调整我们的产业结构；

从国有企业改革理论说：应该从积极参与市场分工的角度考虑产业结构调整，充分利用市场分工的比较优势，扬长避短，有选择有重点地发展具有竞争优势的产业，对于劣势产业，应按照"抓大放小、有进有退、有所为有所不为"的改革原则和"专业化、市场化、合作化"的改革方向，分离企业办社会职能，对于辅助业务，解体"大而全""小而全"，实现专业化服务、社会化依托、市场化运行、合同化管理；

从寺院生产经营实践说：信教群众是我们的客户群，香火钱是我们的市场收入，念经拜佛是我们主营业务，而喝水只是生活保障；

结论：解放思想，与时俱进，做专、做强主营业务，烧好香，拜好佛。同时，喝水问题交由专业化的供水公司承担。而寺院根据用水量与供水公司进行市场结算。

香客以三寸不烂之舌和可行性研究报告，彻底说服了三位和尚，买水吃的方案得到一致赞同。这是水危机发生以来，三个人第一次产生共鸣。三个和尚望"方案"止渴，也就精神起来。于是，一家供水公司很快进入了他们的视野。经过一番考察，该供水公司很快起草一份合同，合同这样说：

由于寺院偏安一隅，不属于客户密集区，公司不得不新增运输线路（燃料费用）；

由于寺院偏安一隅，不属于客户密集区，公司不得不新购运输工具（设备采购费用）；

由于寺院偏安一隅，不属于客户密集区，公司不得不新招送水工（人工成本）；

由于寺院偏安一隅，不属于客户密集区，山路十八弯，存在重大安全隐患，公司不得不为车辆和送水工购买保险（保险费用）。

上述原因，不可避免地导致水价上涨，山下五元一桶的水，送达寺院后，不得不以十元的到岸价格成交。

链接：到岸价格（CIF）——成本＋保险费＋运费价格；离岸价格（FOB）——装运港船上交货价格，亦即出产地、发运地市场价格。

十元的到岸价格，与市场价格相比翻一番，这让三个和尚捉襟见肘，面面相觑。毕竟，长期没水吃的局面，已经动摇了寺院的市场形象，由水危机引发的品牌危机，造成香客几乎流失殆尽，香火不旺的结果就是香火钱不旺，三位和尚哪里还有资本，去启动与供水公司的市场合作？

对外合作的失败，不得不让三人重新寻求内部合作。

治标之策二——三个和尚 Y 水吃

看到标题，谁能够意会或者言传什么叫 Y 水吃？大家可以根据中国文字象形会意的特征，进行大胆推理。Y 水吃，显然，这是发散思维的结果。对于这个创意，我不得不说：太有才了！虽然，树枝大多都是以这种"Y"的形态而婀娜多姿着，但是将其直接应用于担水的工具应该是前无古人，后无来者。

话说有一位仁兄无意中捡到一根"Y"形树杈，得知三个和尚没水吃的困境后，出于革命人道主义精神，马不停蹄地将 Y 形树杈送到寺院。三个和尚如见天外之物，眼睛闪闪放光——"千年等一根……等你等得我口渴。"他们又是磕头，又是作揖，那是相当地千恩万谢。因为这件凝聚着劳动智慧，体现着阶级感情的工具，可以彻底解决劳动分工的问题，它让三个和尚的远大理想成为现实。他们的远大理想就是：三个人可以同时挑一担水。多少年来，一直困扰着三个和尚的劳逸不均的问题，迎刃而解。于是三个和尚，各执一端，欢天喜地，来到山下。

然而好事多磨，也正应了一句古话：山外有山，天外有天。这不，有一位更加有才的同志设置了这样一个难题：在挑水的必经之路上，有一根独木桥，请问三个和尚如何过河？

有一位同志给出这样的建议：**拎水过河**。

第一个空着手，第二个提水桶，第三个和尚拿树杈。不能不说这是一个简单而可行的办法。但是，接踵而至的是富余劳动力问题。千百年来，寺院一直实行供给制。大家知道供给制的特点就是充分的公平性和低下的效率性。在供给制的薪酬制度体系下，多劳多得、少劳少得、不劳不得的机制没有建立。因此，员工积极性来自于他的道德水准。提水桶的和尚要富有"我不下地狱，谁下地狱"的责任感和大局观。但是，三个和尚中，任何一个人具备这样的道德素质，三个和尚没水吃的问题就不可能出现。三个和尚都不是君子，他们的道德标准是"谁下地狱，我也不能下地狱"，所以说拎水过河是最现实但最不可能的方案。

链接：智猪的故事

博弈论里面有个十分卡通化的博弈模型，叫作"智猪博弈"。故事是这样的：笼子里面有两只猪，一只大，一只小。笼子很长，一头有一个踏板，另一头是饲料的出口和食槽。每踩一下踏板，在远离踏板的猪圈的另一边的投食口就会落下少量的食物。如果有一只猪去踩踏板，另一只猪就有机会抢先吃到另一边落下的食物。当小猪踩动踏板时，大猪会在小猪跑到食槽之前刚好吃光所有的食物；若是大猪踩动了踏板，则还有机会在小猪吃完落下的食物之前跑到食槽，争吃到另一半残羹。

那么，两只猪将如何选择？令人出乎意料，答案居然是：小猪将舒舒服服地等在食槽边；而大猪则为一点残羹不知疲倦地奔忙于踏板和食槽之间。

原因何在呢？

因为，小猪踩踏板将一无所获，不踩踏板反而能吃上食物。对小猪而言，无论大猪是否踩动踏板，不踩踏板总是好的选择。反观大猪，明知小猪是不会去踩动踏板的，自己亲自去踩踏板总比不踩强吧，所以只好亲力亲为了。

这种情况在现实中比比皆是。比如，新产品上市，功能还不为人所知。如果进行新产品生产的不仅是一家小企业，还有其他生产能力和销售能力更强的企业。那么，小企业完全没有必要自己去投入广告宣传，只要采取跟随战略即可。

启示：强企在关键时刻要敢于承担责任，发挥作用。大企业要有大作为，大企业要有大责任。

既然没有人自告奋勇，于是他们只能依靠民主投票的方法，决定拎水过河的人选。在这样不靠大气靠运气的抓阄游戏中，拎水过河的和尚不可推卸地产生了。

但是大家发现问题没有，在这个方案中，绝大多数人力资源是闲置的，而真正发挥作用的却是极少数。显然，这种办法是不可取的。所以，另有一位同志给出这样的方案：**抬水过河**。

这种办法可以让三分之三的人力资源得到利用。具体办法如下：先从三个和尚中挑出一个有领导能力、组织能力的先行过河。另外两个和尚一人挑一头走。过河的和尚在对面不断地提醒、纠正挑水的和尚如何走直线。其实，这种解决方案就是一种组织管理的具体应用。

链接：组织是由两个或两个以上的个人或集体为了实现共同的目标而结合起来协调行动的有机整体；或通过设计和维持组织内部的结构和相互之间的关系，使人们为实现组织目标而有效协调工作的过程。

组织冲突是一个行为主体为谋求自身利益而与其他行为主体之间的对立、对抗和斗争，是组织内外部某些关系难以协调而导致的矛盾激化和行为对抗。比如，三个和尚的消极怠工，就是组织冲突的一个表现。

组织设计是以组织结构安排为核心的组织系统的整体设计工作。组织设计的目的是发挥整体大于部分之和的优势，使有限的人力资源形成综合效果。组织设计的原则是分工明晰，指挥统一，职权对称，层幅适当，人职结合，部门化。

启示：当一项任务被两个人以上一起承担的时候，这项任务在实际的执行过程中肯定会有各种各样的问题，如果真是需要两个人以上一起来做，要破解这种局面就要打造组织。在组织中必须有决策者，有执行者！

项目部管理固然可行，但是，毕竟三个和尚谁都希望担当项目长。项目长的产生机制又是一道难题。又有一位同志提出了这样的方案：把桶放河里，**浮桶过河**。

这个方案是逆向思维的结果。创意应该来自四两拨千斤的启示，具体办法是：把水桶放入河中，然后用担水的叉子牵引木桶，一则省力——因为桶的重量由河水的浮力所承载；二则省心——因为大家没必要再为劳逸不均而吵吵闹闹。三个和尚皆大欢喜过河而去。

启示：企业发展要善于用物，善于借势。

截至目前，我们已经为三个和尚寻找到三种过河的方案。但是，大家发现没有，刚才三种方案，关注的焦点是如何过河。其实我们不妨追本溯源，和尚下山的目的是什么？是过河，还是担水？很显然，目的在于担水。好了，企业追求的目标确定了，有一位智者很快给出了一个貌似另类的方案——**过河打水**。

具体办法是：把水倒入河中，过河后重新打水，然后 3 个人抬。

启示：企业目标——做事情不能盲目去做，先要搞清楚目的。

三人共抬一桶水，原本一个人可以完成的工作却动用了三倍的劳动力，原本使用一根扁担可以解决的问题却使用了较为复杂的三节棍。在第二方案抬水过河中，明显存在一个问题：人员配置不够精简，人力资源管理没有实现效能最大化。资源利用不当，往往达不到预期的目标！！因此企业人力资源管理必须做到：人与事的匹配，人与人的匹配，事与事的匹配。

治标之策三——机构改革

一个和尚挑水吃、两个和尚抬水吃、三个和尚没水吃。总寺的方丈大人得知情况后，就派来了一名住持，负责解决这一问题。住持上任后，发现问题的关键是管理不到位，于是首先成立了寺庙人力资源部，负责制定组织流程和岗位责任制。人力资源部很快递出一份报告——没水吃的原因是劳动力定员不足。招工启事在报纸上刊登，经过严格选聘，寺院由三个和尚发展到三十个和尚。为了更好地借鉴国外的先进经验，寺庙坚持"走出去、请进来"的方针，选派唐僧等领导干部出国学习取经，并专门聘请天主教的神父、基督教的牧师传授 MBA。经过一番学习、考察、论证，人力资源部很快又拿出机构改革的方案——成立香火部，负责市场前台；成立后勤部，负责诸如挑水等后勤服务。同时，为了更好地开展工作，寺庙提拔了十几名和尚分别担任副住持、住持助理，并在人力部、香火部、后勤部任命了部门小住持、副小住持、小住持助理。

明确了部门分工，没水吃的矛盾得到缓解。然而不久，新的问题接踵而至。前台负责念经的和尚总抱怨口渴水不够喝，后台负责挑水的和尚也抱怨人手不足、水的需求量太大而且没有规律可循，难以把握均衡。为了更好地解决这一矛盾，经研究决定，寺院追加一个部门编制，成立办公室，负责协调前后台矛盾。同时为了便于沟通、协调，香火部和后勤门都设立了对口联系和尚并形成联席会议制度，决定加强念经和尚对饮用水的预测、念经和尚对挑水和尚满意度测评等，让前后台签署协议，相互打分，健全机制，加强考核。为了提高管理的现代化程度，寺院专门上马了计算机系统，包括挑水统计系统、烧香统计系统、普通香客捐款分析系统、大香客捐款分析系统，直到最后引进 ERP，开展内控。

部门多，当官的多，文件和会议自然就多，为了减少文山会海，办公室牵头召开了 N 次关于减少开会的会，并下达了 N 个"关于减少文件的文件"。同时，为了精简机构、提高效率，寺院又成立了精简机构办公室，机构改革成为上上下下关注的焦点——因为改革就意味着岗位的不确定。

从没水发展到没岗位，事情就这样不以人的意志为转移地恶化着。寺院的主营业务也就无人顾及，大家有的是当一天和尚撞一天钟，有的是小和尚念经有口无心。日子一长，来烧香的客人越来越少，香火钱也变得拮据起来。这时候聪明的和尚开始跳槽，另谋高就。但是绝大多数和尚选择留守。寺院不得不召开全体职工大会，会上，这个和尚说流程不顺、那个和尚说职责不明，这个和尚说部门界面不清、那个和尚说考核力度不够。只有三个人跳将出来，这三人就是最早的那三个和尚。他们说："不上 ERP 等死，上了 ERP 找死！说来说去，就是闲人太多了！什么流程问题、职责问题、界面问题、考核问题，明明就是机构臃肿问题！早知今日，还不如当初咱们仨自觉自律一点算了！如今倒好，招来了这么一大帮鸟人，一个个不干正经事还人五人六的，跟屎盆子一样甩都甩不掉！"又过了一年，寺院黄了，和尚们跳槽了，只留下原来的三个和尚。

一场轰轰烈烈的改革又回到起点，三个和尚没水吃的问题依然悬而未决。

买水花不起钱，Y 水过不了桥，改革又以失败告终。的确让人不知所措，束手无策。就在三个和尚困惑之际、弥留之际，毛泽东思想的一道灵光，照亮了三个和尚的眼睛——透过现象看本质，哥仨不如倒过头来，捋一下问题的来龙去脉。

链接： 阿什法则——承认问题是解决问题的第一步，你愈是躲着问题，问题愈会揪住你不放。

现象： 三个和尚没水吃。本质：三个和尚没人管。

找到了问题的症结，接下来，我们就用管理学工具，对《三个和尚》的故事进行解读。为便于叙述，我把"一个和尚挑水吃、两个和尚抬水吃、三个和尚没水吃"分别界定为起始阶段、发展阶段、结束阶段。

首先，我们运用公共选择理论进行解答。

社会科学家往往假设：一个具有共同利益的群体，一定会为实现这个共同利益采取集体行动。但公共选择理论的主要奠基者、美国经济学家奥尔森却发现：这个假设并不能很好地解释和预测集体行动的结果，许多合乎集体利益的集体行动并没有发生。相反，个人自发的自利行为往往导致对集体不利，甚至极其有害的结果。比如，取水就是合乎三个和尚集体利益的事情，但是却没有被三个和尚付诸行动。

奥尔森一生致力于集体行动问题的研究——为什么个人的理性行为往往无法产生集体或社会的理性结果？他认为：产生这一现象的原因在于集体行动的成果具有公共性，所有集体的成员都能从集体行动中受益，包括那些没有分担集体行动成本的成员。例如，成语"滥竽充数"中的南郭先生实际上没有参加乐队合奏这个"集体行动"，但毫不费力的装模作样仍然使他能够分享国王奖赏这个"集体行动"的成果。

根据实验经济学的统计数据，奥尔森把集体中的个人划分为四种类型。

第一类型是条件合作者，在集体中的比例约为60%。他们愿意发起协作，并且只要群体中有一定比例的人以互惠行为作反应就坚持合作，但条件合作者对集体行动的贡献与"搭便车"行为成反比，一旦"搭便车"行为超过他们的容忍度，这些人也将采取不合作态度。在生活中，我们中国人把这一类人称作"和事佬"。

第二类型是理性利己主义者，在集体中的比例约为30%。无论别人怎样善待他们，这些人都不会有所回报。理性利己主义者的增多，有可能驱使条件合作者也做出自私自利的行为选择。在生活中，我们中国人把这一类人称作"扒皮佬"

第三类型是志愿惩罚者，在集体中的比例约为10%。他们极力维护集体行动，疾恶如仇，以德报德，以怨报怨，不顾一切地惩罚"搭便车"行为，即使损及自身利益，也在所不惜。志愿惩罚者的存在，对于集体行动的结果具有重大影响，他们的惩罚使理性利己主义者不得不考虑自利的机会成本。如果没有志愿惩罚者，理性利己主义者就会肆无忌惮，无拘无束，而条件合作者就会逐渐减少甚至停止参与集体行动。在生活中，我们中国人把这一类人称作"多事佬"。

第四类型是利他主义者，在集体中的比例一般不超过1%。他们毫不利己，专门利人，是道德的楷模。可惜的是，这一类型的人对于理性利己主义者没有任何的示范效应。在生活中，我们中国人把这一类人称作"大好佬"。

除此之外，奥尔森还发现了集体行动出现的条件，**一是不对称的成员收益**——个别成员可以从集体行动中得到的利益比其他成员大，他参与集体行动的积极性也大。**二是选择性的激励**——在相同的集体行为中，不同的人会寻找到不同的意义或者价值，意义或者价值大的成员，参与集体行动的积极性也大。

根据公共选择理论，我们怎样解读《三个和尚》的故事呢？

首先，我们分析一下引发问题的原因。

第一，一号、二号和尚均是条件合作者。因为这两位仁兄出现过"两个和尚挑水吃"的集体行动。试想，如果他们当中有一位理性利己主义，那么发展阶段就不会出现"两个和尚挑水吃"的合作，而是出现"一个和尚挑水吃、一个和尚蹭水吃"的局面。

第二，三号和尚是理性利己主义者。因为，如果他是条件合作者，那么集体行动一定会继续下去。相反，我们没有看到这样的结果，他的加盟，把故事引向了"三个和尚没水吃"的结束阶段。

第三，三个和尚中既没有一位是志愿惩罚者，也没有一位利他主义者。之所以说没有志愿惩罚者，是因为面对三号和尚的自私自利，没有一位和尚实施惩罚，而是听之任之，其实只要有一位志愿惩罚者不惜时间和代价，看紧盯牢理性利己主义者，不给三号和尚一滴水喝，就会逼使三号和尚参加到集体行动中来；之所以说没有利他主义者，是因为面对"没水吃"的局面，没有一位和尚发扬牺牲精神，不顾其余而勇挑重担。

"两个和尚抬水吃"标志着两位条件合作者集体行动的成功，而"三个和尚没水吃"则体现了理性利己主义者对集体行动的破坏。《三个和尚》的故事，正是公共选择的必然结果。

其次，我们分析一下破解难题的办法。

如果我们问：三个和尚究竟有没有水喝？奥尔森的答案一定是这样的：一般来说，三个和尚没水喝。但若存在不对称收益或者选择性激励，那么三个和尚就可能有水喝。

第一，运用不对称收益。

我们假设，三个和尚中有一位和尚对水存在超乎常人的需求——日常生活中不乏其人，他们喝水特别特别多，特别特别勤，投胎之前俨然是位"水鬼"，别人是"不自由，毋宁死"，而他是"不喝水，毋宁死"。那么即使其他人都是极少喝水的"耐旱品种"，那么"水鬼"和尚也会给大家挑水吃。

第二，运用选择性激励。我们假设：三个和尚的生理素质、心理素质各不相同。生理素质不同是指荷尔蒙分泌上的差异，心理素质不同是指面对七情六欲的诱惑所表现出来的定力差异。三个和尚中，恰恰有一位和尚还没有能够成功地完成色戒，而在山下的小河对岸，又恰恰居住着一位如花似玉的牧羊女，或者一位倾国倾城的浣纱女，那么下山就可以给这位和尚带来快感，这种选择性激励的结果就是：生命不息，挑水不止。"小和尚下山去挑水，老和尚有交代，山下的女人是老虎，遇见了千万要躲开，挑过了一年又一年，小和尚暗思揣，为什么老虎不吃人，模样还挺可爱？呀呀呀呀，坏坏坏，老虎已闯进我的心里来。"

下面，我们运用纳什均衡理论来进行解答。

在介绍纳什均衡理论之前，我们有必要介绍一下博弈论的概念。

链接：博弈论，又叫互动的决策论。它是运用数学方法研究利益冲突各方在竞争性活动中制定最优化的胜利策略的理论。最简单的博弈就是下棋，棋手们"走一、看二、想三"，下棋高手就是博弈高手。在一个博弈过程中，无论对方的策略选择如何，当事人一方都会选择某个确定的策略，则该策略被称作支配性策略。

如果两个博弈的当事人的策略组合分别构成各自的支配性策略，那么这个组合就被定义为纳什均衡。

抛开拗口的定义，我们可以这样通俗地理解纳什均衡：所有人的选择综合在一起，不一定所有选择都能实现利益最大化，但能使所有人都达到最大化的均衡状态。在均衡状态下，每一位博弈者都不可能因为单方面改变自己的策略而增加收益，于是各方为了自己利益的最大化而选择某种最优策略，并与其他博弈者达成某种暂时的平衡。纳什均衡理论奠定了非合作博弈论的基石，纳什也因此而荣获 1994 年诺贝尔经济学奖。

下面，我们就用著名的囚徒困境来解释纳什均衡。

两个同案犯被隔离审讯，警官分别告诉两个囚徒：如果一方招供，而另一方抵赖，供认方将被判刑一年，而抵赖方将被判刑十年；如果双方招供，将各自被判刑五年。当然，警官隐瞒了一个选择：如果双方均不供认，两个囚徒将因为证据不足而全部予以释放。于是，两个囚徒陷入招供还是不招供的两难处境。

囚徒困境博弈收益矩阵

囚徒甲/囚徒乙	抵赖	供认
抵赖	无罪释放/无罪释放	判刑一年/判刑十年
供认	判刑十年/判刑一年	判刑五年/判刑五年

由于两个囚犯无法获知对方的选择，因此，最理性的博弈策略就是供认，也就是说，这时候双方的占优策略都是供认。因此，囚徒困境的结果也就显而易见：双方均选择坦白的策略，并因此而获刑五年，双双抵赖、双双获释的最好结局却没有出现。这就是典型的纳什均衡，也叫非合作均衡。

那么纳什均衡理论又是如何解读《三个和尚》的故事呢？

起始阶段

由于缺乏两个或者以上的参与者，一个和尚没有形成博弈的条件，因此，挑水是不二的策略。

发展阶段

一桶水收益为1，付出也为1。对于任何一位和尚而言，收益最高的当然是不劳而获（自己不挑水却分享别人挑的水），收益恰当的当然是按劳分配（按照挑水多少来确认吃水多少），收益低的当然是多劳少得（自己挑水却被人分享）。

两个和尚博弈收益矩阵

一号/二号	取水	不取水
取水	0.5：0.5/0.5：0.5	0.5：0/0.5：1
不取水	0.5：1/0.5：0	0：0/0：0

通过矩阵可知，任何一方独自取水而另一方无偿分享，都没有达到均衡状态。双方合作取水（0.5：0.5/0.5：0.5）是一种均衡，双方均不取水（0：0/0：0）是另一种均衡。根据纳什均衡理论，这两种均衡都是理性的选择，只不过均不取水条件下的均衡对双方无益，因而肯定不会成为选择。综上所述，由于一号和尚、二号和尚都不愿意对方坐享其成而使自己的收益水平下降，所以当双方都这样理性地计算并行事时，"两个和尚抬水吃"就成为符合纳什均衡的唯一出路。当然，这种理性的必然，也不可避免地导致了集体收益的损失——显而易见，一人一次挑两桶与两人一次抬一桶相比，"一个和尚挑水吃"的效率四倍于"两个和尚抬水吃"的效率。尽管效率低下，但却收益公平。这与孔夫子所说的"不患寡，而患不均"，异曲同工。

结束阶段

由于三号和尚的加盟，故事进入三方博弈。我们可以在确定三号和尚所采取的策略之后，将三方博弈问题简化成双方博弈问题。因此，我们将按照三号和尚取水、不取水两种情况分别讨论。

先假设**三号和尚取水**，那么：

三个和尚博弈收益矩阵（一）

一号/二号/三号	取水	不取水
取水	0.33：0.33/0.33：0.33/0.33：0.33	0.33：0/0.33：0.5/0.33：0.5
不取水	0.33：0.5/0.33：0/0.33：0.5	0：0/0：0/0：0

在三号和尚取水的前提下，存在两种纳什均衡，一种是三

者均取水，均衡为 0.33 : 0.33/0.33 : 0.33/0.33 : 0.33；另一种是三者均不取水，均衡为 0 : 0/0 : 0/0 : 0。

再假设三号和尚不取水，那么：

三个和尚博弈收益矩阵（二）

一号/二号/三号	取水	不取水
取水	0.33 : 0.5/0.33 : 0.5/0.33 : 0	0.33 : 0/0.33 : 1/0.33 : 0
不取水	0.33 : 1/0.33 : 0/0.33 : 0	0 : 0/0 : 0/0 : 0

在三号和尚不取水的前提下，只存在一种纳什均衡，那就是三者均不取水，均衡为 0 : 0/0 : 0/0 : 0。

对一号、二号、三号和尚来说，在其他两方都去取水的情况下，这一方的策略由"取水"转向"不取水"，则将获得最高收益——不劳而获，因此"不取水"成为三位的占优策略；

对一号、二号、三号和尚来说，在其他两方都不去取水的情况下，这一方的策略由"不取水"转向"取水"，则将获得最低收益——多劳少得，因此"不取水"同样是三位的占优策略。

"一个和尚挑水吃"是因为没有博弈，"两个和尚抬水吃"是因为双方博弈，"三个和尚没水吃"是因为三方博弈。这就是纳什均衡对《三个和尚》的精辟诠释。

面对纳什均衡的必然结果，我们又该如何避免《投名状》般的自相残杀，让大家快意于互惠的合作，而不是疲惫于相残的权谋，从而破解"三个和尚没水吃"的困境呢？如果仅仅从博弈的角度来思考，那么方法无非在于：1. 意识形态的投资——加强和尚的道德教化，提升和尚的道德水准，这需要除却三个和尚之外的第四方的成本和时间的成本，况且这种投资并不意味着必然的回报；2. 制度的安排——其实三个和尚之间的博弈是合作关系中的博弈，建立利益共同体，就可建立维持合作的均衡点，而引入科学的制度（如合作契约、监督机制、惩罚条例），对各方的博弈策略进行制度激励或制度约束，就可以将三个和尚进行利益捆绑，从而引导三位用"三方利益的最优化"，来取代"一方利益的最大化"，这是三个和尚走出"没水吃"困境的可行方案；3. 博弈的重复。《三个和尚》的结局阶段，恰恰就是用博弈的重复，来架构三个和尚的信用关系。第一次博弈的结果，直接导致了庙堂无水救火的尴尬局面，让所有人不得不承担了巨大的远远超出取水成本（体力消耗）的不取水成本（庙堂付之一炬），这将迫使三个和尚在重复的博弈中调整自己的策略。因此，共同取水就成为遭遇第一次博弈的"三输"结果之后，三位和尚在接下来的重复博弈中采取的理性策略。所以说，正是寺院着的一把火，引燃了三个和尚挑水的"三把火"。这就是重复博弈的效果。

下面，我们运用经济人假设来进行解答。

传统经济学中最基本的假设就是经济人假设。经济人假设就是：假设人的思考和行为都是有目标理性的，唯一试图获得的经济好处就是物质性补偿最大化。这是经济学分析和心理学分析的基本假设。

链接：经济人假设最初来自亚当·斯密的《国富论》："我们每天所需要的食物和饮料，不是出自屠户、酿酒家和面包师的善心。每个人只关心自己的收益，他由一只看不见的手引导着，去实现他原本没有想过的另一目标。他通过追求自己的利益，结果也实现了社会利益，这比他一心提升社会利益还要有效。"之后，约翰·穆勒归纳总结出经济人假设，最后，帕累托将"经济人"这一名词引入经济学，从此，经济人假设，就成为传统经济学的基石。与"经济人"相对的概念是"道德人"或"社会人"。

对经济人假设，我们可以从以下三点来把握。

①**自利**。人以追求自己的利益为目的而进行经济活动，都希望尽可能少地付出，而最大限度地收获，并为此不择手段。

②**理性**。经济人是理性的，能根据市场情况、自身处境和自身利益之所在，作出判断，并使自己的经济行为适应于从经验中学到的东西，从而使所追求的利益尽可能最大化。

③**制度**。只要有良好制度（法律是制度的最高形式）作保证，经济人追求个人利益最大化的自由行动会无意识地、卓有成效地增进社会的公共利益。制度比良心的效用更长久。这是经济人假设中最有意义的核心，因此也被称为"经济人的灵魂"。

链接：制度化管理是企业成长必须经历的一个阶段，是企业实现法治的具体表现。这种管理方式以制度为标准，把制度看成企业的法律，企业处处以制度为准绳，企业管理者几乎相当于企业的执法人员，时不时地以制度来丈量员工行为和工作绩效。

制度化管理对企业的作用在于：

有利于企业运行的规范化和标准化。企业通过各种制度来规范员工的行为，员工更多的是依据其共同的契约，即制度，来处理各种事务，而不是以往的察言观色和见风使舵，从而使企业的运行逐步趋于规范化和标准化。

有利于企业提高工作效率。实施制度化管理，便于员工迅速掌握本岗位的工作技能；便于部门与部门之间、员工与员工之间及上下级之间的沟通；便于企业对员工的工作进行监控和考核。

有利于企业的信任基础。规范的制度，最大限度地体现了企业管理的公正性和公平性，在当今社会信任普遍处于低谷之时，人们普遍愿意在公平、公正的环境下参与竞争和工作。

下面，我们就根据经济人假设，对《三个和尚》的故事进行透视。

起始阶段，根据经济人假设的第一条宗旨——自利宗旨，追求自身利益是驱使人的经济行为的根本动机，这种动机和由此而产生的行为，有其内在于人本身的生物学和心理学的根据。一个和尚挑水，那么这桶水的所有权、支配权、使用权，归其一人。由于没有利益的外部溢出，他所得到的利益呈现最大化，因此，人的自利性决定了单个和尚的积极性、主动性——毕竟一个和尚挑水吃，既吃不了亏（没有收益外溢），也占不了便宜（没有便车可搭），也就自然形成"一个和尚挑水吃"的局面。

发展阶段，根据经济人假设的第二条宗旨——理性宗旨，人能理性地根据客观条件的变化和自身利益的所在，通过成本——收益原则、趋利避害原则，来对其所面临的一切机会和目标及实现目标的手段进行综合研判、理性选择、优化决策。当两个和尚在一起时，如果一个和尚挑水，另一个和尚就会"搭便车"，因此挑水者的投入产出比为1：2（投入：独担两桶，产出：消费一桶），自然也就没有积极性。如果两个和尚抬水吃，那么，他们的投入产出比为1：1（投入：分担半桶，产出：消费半桶）。对于这两个方案，只要是理性人，都会毫不犹豫地达成默契——挑水吃。

结束阶段，根据经济人假设的第三条宗旨——制度宗旨，只要有良好制度作保证，经济人追求个人利益最大化的自由行动会无意识地、卓有成效地增进社会的公共利益。从表面上看，"三个和尚没水吃"的结果与"主观为自己，客观为人人"的理论自相矛盾、格格不入。但从本质上看，"主观为自己，客观为人人"是建立在制度基础上的。然而在《三个和尚》的故事中，制度建设一直是空白，既没有指导意义的实体制度，更没有操作意义的程序制度。制度的缺位，导致了经济人假设中最有意义的核心，缺乏发挥作用的平台，自然也就扭曲了"经济人的灵魂"。根据经济人假设，面对不可避免的收益外溢等问题时，三个和尚根据自利宗旨，必然选择中止取水的经济行为。而这时候，又没有制度的约束，按照"不禁止就是允许"的潜规则，中止取水的经济行为，就会得到进一步的维持，信任危机加剧为制度危机，于是没水吃的局面就会从理论演变为现实。因此，亚当·斯密说：人的本性是懒惰的，必须加以鞭策；人的行为动机源于经济和权力所维持的效力和服从。而制度正是这种经济和权力的存在方式之一。

经济人假设既解释了"三个和尚没水吃"的原因，也给出了"三个和尚怎样才有水吃"的答案，那就是制度建设。协作机制，就是经济人假设对这一千年难题的破解。

轮值合作

对于挑水的重担，第一天由一号和尚负责，第二天由二号和尚负责，第三天由三号和尚负责。周而复始，循环往复。由于"搭便车"的概率相等，三个和尚相安无事。

流水线合作

下山挑水路途遥远及时间和体能的有限性，决定了一个和尚一天只能挑一担水。因此轮值制度虽然可以解决没水吃的问题，却带来"少水吃"的问题——毕竟一个和尚的劳动所能产生的水的供给，与三个和尚对水的需求，不可避免地存在着供不应求的矛盾。为了扩大生产，增加供给，我们可以将挑水路径划分为三段，一号和尚从大红门挑到中天门（这一路段地势相对平坦，因此距离应当适应追加），二号和尚从中天门挑到南天门（这一路段兼顾了距离和坡度的平衡），三号和尚从南天门挑到玉隍顶（这一路段中十八盘是一个严峻考验，因此可以从缩短里程上加以补偿）。如此一来，三个和尚通过接力方式共同完成挑水行为。不仅如此，由于单位劳动强度降低，原本一个和尚一天只能挑一担水的局限也迎刃而解，三个和尚一天竟然可以挑三担水。由于分工明确、劳逸结合，既没人累死，也没人闲死，水很快就挑满了。

流水线合作不仅成功地解决了没水吃的问题，而且由于充足的供给总量开始大于完全的需求总量，寺庙中形成了水的积余——因为，集体生活的用水总量中，存在许许多多公共用水的成分，随着集体人数的增多，公共用水的比例越来越高，集体用水总量也越来越小于个体用水量的累加，这是规模效应的一个例证。然而，流水线合作的副作用逐渐显性化——三个和尚不遗余力，全力以赴，专注于取水，一方面造成劳动成果的冗余，或者说劳动力的浪费，另一方面造成其他工作的缺员，或者说劳动力的不足。毕竟三个和尚供职于寺院，而不是供职于自来水公司，除却挑水任务之外，砍柴、做饭同样需要劳动力的投放，况且寺院的主营业务还是念经拜佛。因此，三个和尚便开始寻求通过岗位分设来实现合作。

岗位分设合作

一号和尚挑水，二号和尚砍柴，三号和尚做饭，每个人分工明确又目标一致。不仅解决了没水吃的基本问题，而且把寺院带入制度化、规范化的发展轨道。

从经济人假设的角度来说，"三个和尚没水吃"是三个经济人从自身利益出发进行合理选择的结果。然而，我们完全可以借助于制度的力量，如协作机制的建立，去打破这样一种理性的必然。

下面，我们运用帕累托效率进行解答。

帕累托效率，又叫帕累托最优，是经济学中非常重要的概念。这个概念是100多年前意大利经济学家帕累托首次提出的。在经济学里，帕累托效率（帕累托最优）是这样定义的：如果不存在另外一种可选择的状态，使得没有任何人的处境变差而至少有一个人的处境变得更好，那么这样一种状态，就是帕累托最优状态。这意味着，当满足给定的约束条件时，一种资源配置的状态，使得没有人能够按照自己的偏好、在不损害别人的条件下，变得更好。经济学的概念和原理，一般都是这样晦涩。我们干脆用通俗的语言来解释帕累托最优状态：除非损人，否则不能利己的状态，就是帕累托最优状态。譬如，老板付给雇员工资，除非降低雇员的工资，否则就不可能增加老板的利润；同样，除非降低老板的利润，否则就不可能增加雇员的工资，这种分配就是帕累托状态。因为这时候，老板给予雇员的工资是老板所能给予雇员的最高工资，在这样一种状态下，老板的利润和雇员的工资处于最优的平衡，两个利益都得到保证，两个积极性都得到发挥。与帕累托效率概念伴随而来的是帕累托改进概念。所谓帕累托改进就是：如果一种变革能够在没有任何人处境变坏的情况下，至少有一个人处境变得更好，这种变革就是帕累托改进。

配置效率就是典型的帕累托效率。配置效率是指：以最佳的投入要素组合来生产最大的产出要素组合，在投入不变的条件下，通过资源的优化组合和有效配置，效率就会提高，产出就会增加。

那么，帕累托效率（帕累托最优）又是如何解释"三个和尚没水吃"的难题的呢？

首先，我们必须作两个假设：第一，取水是和尚或者和尚们的唯一任务；第二，寺院只有两只水桶、一根扁担——因为如果寺院还有其他可用于取水的生产资料，那么两个和尚就不必采取"两个和尚抬水吃"的低产出的生产方式，而采取"两个和尚分别挑水吃"的高产出的生产方式。综合起来，寺院在取水问题上可供利用的资源就是三个和尚、两只水桶、一根扁担。

在以上两个假设的基础上，结合劳动效率统计图，我们不难发现：一个和尚时，效率最高，两个和尚时效率其次，三个和尚时效率降为0。

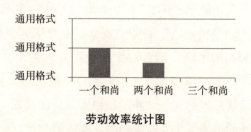

劳动效率统计图

起始阶段，寺院在取水问题上的资源配置处于帕累托最优状态。一个和尚最多只能动用一根扁担、两只水桶，如果改变"和尚、扁担、水桶"三个可支配资源中的任何一项或几项，都会导致效率的降低，如和尚罢工，那么就会出现无人挑水的局面；如果扁担被忽略，那么拎水的劳动力付出肯定远高于挑水的劳动力付出；如果水桶仅仅动用一只，那么一个和尚一次只能取一桶水。所以说，和尚、扁担、水桶之间"112"的组合，就处于帕累托最优状态，这是效率最大化的理想状态，属于管理学中的高效配置。

发展阶段，寺院在取水问题上的资源配置处于帕累托"亚"状态而不是最优状态。当然，这个结论的前提是建立在刚才两个假定的基础之上。因为取水是两个和尚的唯一任务，且寺院中可供两个和尚动用的只有一根扁担、两只水桶。如果一个和尚挑水，就会导致另外一个和尚的闲置。但是有没有办法在不降低任何一位和尚收益的基础上，让另一位或者所有的两位和尚都增加收益呢？办法就是"两个和尚拎水吃"。虽然在"两个和尚分别拎水吃"的过程中，可支配的资源中，扁担沦落为闲置资产，但是劳动力这一生产力诸要素中最活跃的因素却得以充分发挥，劳动力的激活所带来的效用增量远远大于扁担资产闲置所带来的效用损失——毕竟一个人可以拎一桶，而两个人才能抬一桶，"两个和尚拎水吃"的劳动效率两倍于"两个和尚抬水吃"的劳动效率，因此从这个角度来说，在"两个和尚抬水吃"的过程中，寺院投入两个和尚的劳动力，但生产成果却偏离了 $1 + 1 \geq 2$ 的理想状态，显而易见，这是资源低效配置的状态，并不是帕累托最优状态，既存在着帕累托改进的可能，也存在着帕累托改进的要求。

结束阶段，和尚、水桶、扁担以"321"比例进行组合，无论怎样组合，劳动力富余都是不可避免的，如果每一天有一位和尚挑水，那么每一天就必然有两位和尚无所事事；如果每一天有两位和尚抬水，那么每一天必然有一位和尚无所事事。所以在尊重两个假定的前提下，资源配置根本无法实现帕累托最优状态。尽管如此，也不应该出现产出为零的极端后果。然而事实比我们想象的更加糟糕，三个和尚竟然步入了无水吃的怪圈，这属于管理学中的无效配置。那么，在故事的结束阶段，我们到底应该怎样才能实现资源从无效配置到最优配置的转变？办法就在于突破两条假定中的一条假定——除两只水桶、一根扁担外，寺院需要投入其他的可用于取水的生产资料，如三根扁担、六个水桶，等等。换言之，这时候的帕累托改进就是增加生产资料，从而实现劳动者与劳动工具的优化组合。

最后，我们应用华盛顿合作定律进行解答。

曾经有人从国人素质的角度来解释三个和尚没水吃的原因，我甚至在网上看到一篇文章，说《三个和尚》的故事，如果发生在日本，绝对是多赢的结果，皆大欢喜。因为三个中国人是一条虫，而三个日本人是一条龙。这种明显带有民族歧视的解释真的科学吗？是不是三个和尚没水吃也算是中国特色？事实并非如此，著名的华盛顿合作定律，其实就是《三个和尚》的美国版。管理学是这样阐述这一定律的：一个人敷衍了事，两个人互相推诿，三个人则永无成事之日。

链接：与华盛顿合作定律异曲同工的就是邦尼人力定律——一个人一分钟可以挖一个洞，六十个人一秒钟却挖不了一个洞。

由是观之，人性的丑陋并没有国界的局限。

华盛顿合作定律表明：人与人的合作不是人力的简单相加，而是要复杂和微妙得多。在人与人的合作中，假定每个人的能力都为1，那么10个人的合作结果有时比10大得多，有时甚至比1还要小。因为人不是静止的动物，而更像方向各异的作用力，相互推动时事半功倍，相互抵触时一事无成。因此合作是一个问题，如何合作也是一个问题。

最常见的华盛顿合作定律，就是大家耳熟能详的"办公室政治"——甲今天说了几句不该说的话让乙很没面子，下次乙找个机会打甲的小报告，却被甲的朋友丙听见了，丙在工作中就故意使绊子，这样又无意中损害了丁的利益——这个打结的线团会越缠越大。随着这些主观因素的渐渐蔓延，原本简单的上下级关系、同事关系会变得复杂起来，办公室似乎每天都进行着一场场没有硝烟的较量。这就是"办公室政治"。

不仅如此，华盛顿合作定律同样具有生物学的意义：如果你认真观察螃蟹就会发现，竹篓里面放上一群螃蟹，即使敞开盖子，螃蟹也是爬不出来的——因为只要有一只想往上爬，其他螃蟹就会把它拉下来，最后没有一只能够爬出去。

那么，是什么诱发了华盛顿合作定律？管理学给出的答案是：**旁观者效应、社会惰化和组织内耗**三大要因。

链接：所谓"旁观者效应"，基于美国社会心理学家达利、拉塔尼的实验结果。达利、拉塔尼的实验表明：在一对一求助的情况下，85%的被求助者将会施以援助，而在一对四求助的情况下，只有31%的被求助者会予以回应。正是因为有其他目击者在场，旁观者更多地在观察其他旁观者，结果使得所有的旁观者都无动于衷。

1964年3月，在纽约市克尤公园发生了一起震惊全美的谋杀案。凌晨 3 点，一位年轻的酒吧女经理受到凶手追杀，在长达半个小时的作案过程中，受害者不停地呼救奔跑，有 38 户居民听到或看到了，但没有一个人出来阻止，甚至连一个举手之劳的报警电话也没人打。这件事并非简单地可归纳为人性的异化和冷漠，而是有深刻的心理学背景。当出现紧急情况时，正是因为有其他目击者在场，才使得每一位旁观者都无动于衷，而更多的是在看其他观察者的反应！这是多么可怕的旁观者效应！

所谓"社会惰化作用"，是对森格尔曼的"拔河实验"和拉塔尼的"鼓掌欢呼实验"的描述和归纳。

20 世纪 30 年代，德国心理学家森格尔曼曾做过一项"拔河实验"，以对不同规模群体的人在拔河时所施加的力量进行比较。结果表明，参加拔河的人数越多，每个人出的力就越小。当一个人拖拽绳子时会施加 63 千克的力量，然而，在三个人的群体中，平均每个人所施加的力量会降到 53.5 千克，而在八个人的群体中会降到 31 千克——这比一个人单独工作时付出努力的一半还要少！1979 年，拉塔尼及其同事在一项"拍手和欢呼的实验"中，也发现了相似的现象。在这项实验中，他们要求被试拍手和欢呼，并测量了每个人产生的声音强度。结果发现，随着群体中人数的增加，每个人发出的声音减小。这表明，在有他人参与的情况下，个人的努力程度减小了。

所谓"组织内耗"，就是组织成员的"窝里斗"，耗费了组织的资源能量，降低了组织的运转效率，损害了组织的整体效益，组织内耗与组织规模成反比例。

那么如何破解华盛顿合作定律？

第一，明确成员分工。在多人共同完成工作任务的情况下，为了避免旁观者效应，必须进行详细的职务设计，明确成员分工，落实成员责任，以确定每个人应该做什么，应该承担什么责任；然后对每个成员的努力程度和工作业绩进行单独考核，并将考核结果公开，让大家知道所有成员的努力程度，知道谁在敷衍了事，谁在推诿扯皮，从而督促员工各负其责、各司其职，防止团体中出现"南郭先生"似的旁观者。三个和尚的内耗，完全可以通过劳动分工加以解决。

链接：劳动分工——在企业内部，如果每个人只对生产活动的一部分负责，而不是参加所有的活动来完成该产品的生产，就说该企业内部存在着劳动分工。劳动分工对提高劳动生产率具有十分重要的积极作用：1. 专业化分工，可提高劳动熟练程度，节约劳动转换时间，节约培训成本。因为，反复操作可以让人精于某项技巧，减少工作转换次数；同时分工使人专于一行，可避免反复支出培训费用。2. 减少劳动监督成本。分工程度较高时，个人责任清楚，工作内容简单，监督成本相应较低。相反，分工程度低，单个工人从事劳动内容复杂，监督难度加大，监督成本上升。

第二，采用激励机制。科学的激励机制能够有效预防华盛顿合作定律。而科学的激励机制应当遵循"按需激励、赏罚适度、赏罚公平、激励公开、物质激励和精神激励相结合、内在激励与外在激励相结合"的原则。在《三个和尚》的故事中，我们不妨从以下三个方面进行激励。

1. 生活补贴。老和尚把三个徒弟都叫来，说我们立下了新的庙规，要引进竞争机制。三个和尚都去挑水，挑水最多者用餐时四菜一汤,主食不限,管吃好;其次者用餐时两菜一汤,主食不限,管吃饱;最少者用餐时有饭无菜,管饿不死。

此方案的优点在于:激励性有余,三个和尚会争先恐后地挑水,寺院再也不会没水吃。缺点在于:人性化不足,用人的生理需要进行激励,的确有些残酷。

2. 绩效工资。对于三个和尚,方丈可以根据挑水的表现,在发放例钱的过程中给予多寡的体现,也就是绩效工资。当然,方丈在设计薪酬时,首先要充分体现和尚的劳动价值,其次要实现和尚发展与寺院发展的目标协调,最后也要适当管制和尚与和尚之间的收益差距。

链接:绩效工资——强调员工工资取决于员工、部门、公司的绩效,以成果与贡献度为评价标准。工资与绩效挂钩,强调以目标达成为主要的评价依据。注重结果,认为绩效的差异反映了个人能力和工作态度的差异,绩效工资通过调节绩优与绩劣员工的收入,影响员工的心理行为,以刺激员工,从而达到发挥其潜力的目的。

3. 权力传承:

不想当将军的士兵不是好士兵,不想当方丈的和尚不是好和尚。因此,方丈完全可以把挑水作为考察接班人的重要内容。如此一来,三个和尚便会起早贪黑,奋起直追,庙里再多的水缸也会被灌满。

第三,实行目标管理。当组织的工作被成员认为没有多大意义,或者不知道自己要达到什么目标时,他们就有可能偷懒,从而导致华盛顿合作定律现象。在这种情况下,实行目标管理是破解华盛顿合作定律的最佳选择。

链接:所谓目标管理,就是一种让组织的主管人员和员工共同制定工作目标，在工作中实行"自我控制"，并努力完成目标的管理制度或管理方法。目标管理不仅能够为组织成员指引方向和提供动力，以凝聚组织成员的力量，提升组织成员的士气；而且能够促进团体成员的团结合作，避免组织内耗和社会惰化，从而破解华盛顿合作定律。

其实，从管理学的角度来看，三个人以上就是一个群体，既然是群体，就应该有组织、有目标。在故事起始阶段，一号和尚和清醒地认识到，他的目标是要吃水，但可惜的是这种清醒的认识并没有得到延续，三个和尚没水吃，就是因为他们把目标从要吃水转移到不吃亏上，从而导致整体目标（要吃水）难以实现。这是一个组织中个体目标与组织目标背离的实例。相反，我们常常说"众人拾柴火焰高"，这是因为生火是大家统一而明确的目标，组织目标与个体目标完全一致时，组织目标就可以转化为个体行动，而拾柴的个体行动又使得"火焰高"的组织目标得以又好又快地完成。所以我们在日常管理中，一定要时刻提醒员工企业的目标是什么，时刻警惕个体目标与组织目标背离现象的产生，竭力使个体目标与组织目标达到最大一致，促使组织效率最大化。

第四，重视组织沟通。华盛顿合作定律揭示了合作中的冲突和无效，事实上，在群体合作中，冲突是不可避免的。要解决群体合作中的冲突，就必须在合作过程中保持有效而简捷的沟通机制。《三个和尚》故事中，沟通的缺乏也是造成"没水吃"的重要原因。如果方丈能够承担起沟通管道的作用，让三个和尚明白"一荣俱荣、一损俱损"的道理，明白"人人为我，我为人人"的道理，那么，他们就一定能够求大同、存小异，就一定能够从表面意义上的"同寺"变成真正意义上的同事，三个和尚就完全可以有水吃。

好了，刚才我们运用经典的管理学工具，对《三个和尚》的故事进行了解读。下面我们作一个简要总结。

一、三个和尚的问题是一个人力资源规划的问题。

链接：人力资源规划是指为了达到企业预期的战略目标，基于现有的人力资源状况制定的、满足企业发展所需要的人力资源配置和使用计划。人力资源规划要对企业未来发展所需人力进行科学的预测，特别是人力资源的结构和数量。

链接：边际效用递减规律，是经济学的公理，是整个微观经济学的支柱之一。所谓边际效用递减规律就是：对消费者来说，每增加一个商品（或服务）其增加的效用称为边际效用。当消费者得到的商品愈来愈多时，虽然商品的总效用也是愈来愈多，但每增加一个商品其边际效用愈来愈少。通俗地讲，一样东西当你拥有得越多的时候，对你的作用就越小。比如说，你饿了，吃第一个包子特香，第二个很香，第三个还可以，第四个饱了，第五个吃不下了，第六个看见都烦！也就是说第六个包子的作用为零甚至为负。再比如，你自己开间制鞋小作坊，每天可以产出 5 双鞋，那么效率是 5 双/天人。你的生意越做越大，于是变成 2 个员工，由于聊天、推诿等原因，于是效率就会降至 4.5 件/天人，这也是一种边际效用递减规律。

三个和尚的问题首先可以说是没有进行人力资源需求分析或人力资源需求分析不科学导致的。也就是说事前没有对"挑水"这个岗位到底需要多少和尚进行准确的预测，没有考虑到人员边际效用递减的规律，而是按照 1+1=2 的逻辑配置人力，以为人多就是好事，所以才出现了这种"规模不经济"

的事情。

同时，人力资源配置还要与企业规模、组织资源等相一致，否则也不会产生高效率，就像故事里寺院的"组织资源"只有一条挑水的扁担，而"人力资源"却有三个和尚，人力资源超出了实际需要，没和组织资源和谐一致，即使和尚们争着去挑水，也不会产生高效率。

二、三个和尚的问题是一个岗位说明的问题。

链接：工作分析和岗位说明，是人力资源管理的基础性工作，也是一个岗位开展工作的基础和指导，它通常对一个岗位的工作内容、职责范围、权力与利益、工作关系与责任等加以说明，以便该岗位的人员积极自主地开展工作。

而在三个和尚的故事中，就没有对挑水这个岗位进行说明，没有明确三个和尚的分工、职责、权力、利益等，因为没有明确责权利，大家都有责任又大家都不负责任，既然都不负责，三个和尚没水吃也就不足为奇了。

三、三个和尚的问题是一个薪酬制度的问题。

链接：一个合理的薪酬制度，分配时需要在资力与学历、年资与职级上实现绝对公平，在能力、贡献、绩效上强调多劳多得，按绩效高低和贡献大小进行分配，实现相对的公平。这样就可以激发每一个员工的积极性和创造性来为实现组织目标而努力。

《三个和尚》的故事中，没有一个公平合理的报酬分配体系，没有按劳分配或按贡献大小分配，不是多挑多喝，而是搞平均主义，分配时不考虑资格的先来后到，又不按能力和绩效分配，导致挑水的吃亏，没挑的占便宜，对多挑水、挑好水的没有奖励，对不劳而获、"坐喝水空"的没有惩罚，哪里还有人去挑水，又哪里还有水可饮用？

四、三个和尚的问题是一个职业生涯规划的问题。

链接： 职业生涯规划是指个人发展与组织发展相结合，通过对职业生涯的主客观因素分析、总结和测定，确定一个人的奋斗目标，并为实现这一职业目标，而预先进行生涯系统安排的过程。职业生涯规划也被称作职业生涯设计，分个人职业规划（设计）和组织职业规划（设计）两个方面。在任何社会、任何体制下，个人职业设计更为重要，它是人的职业生涯发展的真正动力和加速器。其实质是追求最佳职业生涯发展道路的过程。职业生涯规划的作用在于帮助你树立明确的目标与管理，运用科学的方法，通过可行的措施，发挥个人的专长，开发自己的潜能，克服生涯发展困阻，避免人生陷阱，不断修正前进的方向，最后获得事业的成功。

而故事里，本来一号和尚已经熟悉了挑水技巧，掌握了挑水的规律，可以发展发展其他方面的能力了，可是庙里还是让他挑水。等二号和尚补充上来的时候，没有给一号和尚轮岗或晋升的机会，或是去扫地，或是去做饭，或是去图书馆（藏经阁），这样就导致了两个和尚抬水喝的情况。当三号和尚来的时候，还是没有给一号、二号和尚规划规划，没让一号和尚当一当住持，也没有让二号和尚去扫地、去做饭、去图书馆，还是大小和尚、新老和尚一起挑水，挑水已没有乐趣，谁还愿意挑呢？

五、三个和尚的问题是一个绩效考核的问题。

链接： 绩效考核是指企业在一定时期内，针对每个员工所承担的工作，根据人力资源管理的要求，应用各种科学的定性与定量方法，对员工的工作结果及影响员工工作结果的行为、表现和素质特征所进行的考量评估的过程。

没有绩效考核、绩效评价、绩效分配，就没有末位淘汰，没有不挑水的后顾之忧。故事没有给和尚设定挑水目标，没有制定挑水效率与数量考核指标，没有对一个和尚应该挑多少水，发挥潜能可以挑多少水进行规定，更没有对和尚去不去挑水（出工的问题），去挑一趟水用多长时间（出力的问题），一天下来挑多少水（出活的问题）进行评价和考核。挑与不挑一个样，挑多挑少一个样，精明的和尚谁还会去挑水呢？

六、三个和尚的问题是一个企业文化的问题。

链接： 企业文化是企业战略的特定实现方式。老子说："天下万物生于有，有生于无。"文化是无形的，物质财富是有形的，但这种有形恰恰生于无形。一个企业真正有价值、有魅力、能够流传下来的东西，不是产品，而是它的文化。科技会成为历史，产品会成为文物，店铺会成为遗迹，唯有文化可以流芳百世，历久弥新。

庙越来越大，和尚越来越多，林子大了什么鸟都有，当然庙大了，也就什么和尚都有了，大家各怀心事，思想、行为、目标就不像一个和尚时那么一致了。佛家文化的基本理念是向善。所以佛门弟子人人都念道：慈悲为怀。但是，是不是人人做到慈悲为怀就不一定了。所以这座寺院的企业文化只是企业文字，欠缺的就是向文化力的转化。寺院应当加强慈悲文化建设，用"挑千桶水，建万年寺"的愿景目标来凝聚和尚；用"人人挑水人人吃，人人吃水人人挑"的道德理念来约束和尚；用"山不在高，有寺则名，水不在多，够喝就行"的质量理念来激励和尚；用"今天挑水不积极，明天下岗找水挑"

的竞争理念来鞭策和尚，从而培养和尚的集体感，激活和尚的责任心，发挥和尚的积极性、主动性、创造性，共同将水"挑大挑强"，如果这样的话，怎会出现三个和尚没水吃的事情？

三个和尚没水吃的问题，暴露出以上六个方面的问题，而以上六个方面的问题，又暴露出一个"**管理者缺位**"的问题。

不知道为什么，在三个和尚的故事里，一位至关重要的人物却始终没有露面，他就是三个和尚的领导——方丈。

问题从苗头发展到恶果，历经千年，方丈却始终不作为，甚至一直潜水，连泡都没有冒一个。这是管理者严重渎职。上级主管的不作为，导致和尚们的行为没有得到监督和约束，致使错误进一步扩大。总之，三个和尚从没有责任心，到没有协作意愿，直到最后没有水喝，领导有不可推卸的管理责任。

链接：行政不作为，指行政主体负有某种作为的法定义务，并且具有作为的可能性而在程序上逾期有所不为的行为。

方丈的行政不作为就可以造成三个和尚没水吃，作为企业的领导者、管理者，他们的行政不作为，又会造成多少人没饭吃？所以，大家应该有对职工饭碗负责的责任感，在其位，谋其政，尽其责。

透过三个和尚没水吃的现象，我们找到了管理问题的本质。其实，除了管理改进之外，技术升级也是解决没水吃问题的可行之路。

三个和尚商量，天天挑水太累，咱们想想办法。于是他们合资添置了一架辘轳。之所以选择辘轳，是因为在当时科学欠发达的生产力水平下，电泵还没有面世。

一号和尚在山下打水，二号和尚在山上提水，然后把水交付给三号和尚，由他负责把水运到伙房。这样，三个和尚轻轻松松就完成了取水的任务。

挑水由于消耗高而效率低，属于落后生产方式。本方案另辟蹊径，通过技术引进，也把水源源不断地引上山。在水源充足的基础上，寺院进一步引进饮用水深加工技术，寺院的小卖部除了销售香火之外，还销售自产的"和尚牌"矿泉水，大大满足了上山游客的饮水需要。

好了，三个和尚的故事讲完了，从三个和尚没水吃，到三个和尚卖水吃，我们看到了对于企业而言，管理的基础性作用，也看到了技术的第一性作用。

其实，在中国的管理者遭遇三个和尚问题的同时，外国管理者也碰到了同样的问题。让我们来听一听一个西方的寓言故事。

相传，在古希腊时期的塞浦路斯，曾经有一座城堡里关着七个小矮人，他们住在一间潮湿的地下室里，没有粮食，没有水，找不到任何人帮助。这七个小矮人越来越绝望。小矮人中，阿基米德是第一个受到守护神雅典娜托梦的。雅典娜告诉他，在这个城堡里，除了他们所处的那间房间外，其他的25个房间里，一个房间里有火种、蜂蜜和水，另外24个房间里有许许多多的石头，其中有240块玫瑰红的灵石，收集到这240块灵石，并把它们排成一个圈的形状，可怕的咒语就会解除，他们就能逃离厄运，重归自己的家园。阿基米德把这个梦告诉了其他六个伙伴，但只有爱丽丝和苏格拉底愿意和他一起努力。开始的几天里，爱丽丝想先去找些木材生火，苏格拉底想先去找那个有食物的房间；阿基米德想快点把 240 块灵石找齐，好快点让咒语解除。但三个人无法统一意见，于是决定各找各的，几天下来，三个人都没有成果，反而耗得筋疲力尽。但是，三个人没有放弃，失败让他们意识到应该团结起来。他们决定，先找火种，再找吃的，最后大家一起找灵石。这是一个灵验的方法，三个人很快在左边第二个房间里找到了火种、蜂蜜和水。

启示：美好的远景是团队合作的基石；明确的目标是团队成功的基础；团结协作则是团队合作的关键。

在经过了几天的饥饿之后，他们狼吞虎咽了一番；然后带了许多食物和水分给特洛伊、安吉拉、亚里士多德和美丽莎。温饱的希望改变了其他四个人的想法。他们主动要求和阿基米德他们一起寻找灵石。为了提高效率，阿基米德决定把七个人兵分两路：原来三个人继续从左边找，而特洛伊等四人则从右边找。但问题很快就出来了：由于前三天一直都坐在原地，特洛伊等四人根本没有任何的方向感，他们几乎就是在原地打转。阿基米德果断地重新分配：爱丽丝和苏格拉底各带一人，用自己的诀窍和经验指导他们慢慢地熟悉城堡。

启示：知识是生产力，是提高效率的重要手段。而经验是知识的有机组成部分。一个团队既需要知识，又需要经验。

事情并不像想象中那么顺利，先是苏格拉底和特洛伊那一组，他们总是嫌其他两个组太慢。最后由于地形不熟，大家经常日复一日地在同一个房间里找灵石。大家的信心又开始慢慢丧失。

启示：团队的阻力来自于成员之间的不信任和非正常干扰。特别在困难时期，这种不信任以及非正常干扰的力量更会被放大。

阿基米德非常着急。这天傍晚，他把六个人都召集在一起商量办法。可是，交流会刚刚开始，就变成了相互指责的批判会。经过艰苦的交流，大家才发现，原来，他们中有些人找房间很快，但在房间里找到的石头都是错的；而那些找石头非常准的人，往往又速度太慢。于是，这七个小矮人进行了重新组合。在爱丽丝的提议下，大家决定每天开一次交流会，交流经验和窍门。

启示：吃一堑、长一智，及时总结经验教训，并通过合适的方法将其与团队内的所有成员共同分享，是团队走出困境、走向成功的很好做法。

在七个人的通力协作下，他们终于找齐了所有的 240 块灵石，但就在这时，苏格拉底停止了呼吸。大家震惊和恐惧之余，火种突然又灭了。没有火种，就没有光线；没有光线，大家就根本没有办法把石头排成一个圈。大家都纷纷来帮忙生火，哪知道，六个人费了半天的劲，还是无法生火———以前生火的事都是苏格拉底干的。阿基米德非常后悔当初没有向苏格拉底学习生火。

启示：分工有利于提高效率，但分工必须"人事相宜"，如果能力与岗位不能匹配，反而使效率低下。

最终，在神灵的眷顾下，火还是被生起来了，小矮人们胜利了。

启示：通过对团队的有效管理，团队的目标最终得到了实现。

我们分别讲述了中国版和外国版的"三个和尚"的故事。在我萌生这个课题的时候，我曾经跟我的孩子交流，我问他三个和尚为什么没水吃，孩子狠狠地幽了我一默：和尚都去讲课了，所以没有人挑水了。看来他把我当和尚了，只是希望我不要重蹈"歪嘴和尚念歪经"的覆辙。阿弥陀佛。

说文解字话管理

近些年，管理这个词忽然间就热了起来，林林总总的管理理论，层出不穷，目不暇接，如果你愿意去网络上搜一下，你会发现，在现代人的字典里，恐怕没有几个概念会像"管理"这样见仁见智，丰富多彩。很难想象，假如失去管理，世界将会怎样。

那么到底什么是管理呢？在管理学教科书中，我们可以找到这样的定义——管理是指一定组织中的管理者，通过实施计划、组织、指导与领导、控制等职能来协调他人的活动，使别人同自己一起实现既定目标的活动过程。这个来自教材的定义是最全面的、也是最无用的一句"正确的废话"，除应试之外，并无多少应用价值。

我们不妨从大师们的论述中寻找管理的内涵。大师不愧是大师，他们口中的管理真的是"要言不烦，直取精髓"。

法约尔说：管理就是预测、计划、组织、指挥、协调和控制；

西蒙说得更简洁：管理就是决策。

然而，相形之下，我还是更喜欢实践家们的语言。他们对管理的认识也许是片面的，却深刻而睿智。因为他们是真正

"做"管理的，而不是"写"管理的、"说"管理的——

"管理就是使一群平凡的人做出一番不平凡的事业的过程。"

"管理就是借力，发挥大家的能力实现自己的理想。"

"管理就是把复杂的问题简单化。"

"管理就是发布可执行的命令。"

"管理就是创造价值。"

"管理就是选择。"

"管理就是激励"

"管理就是服务。"

"管理就是沟通。"

"管理就是抠细节。"

"管理就是扔包袱。"

对于这些关于管理的论述，我猜想大家一定耳熟能详，但我同样猜想大家不一定心领神会。为什么？因为我们的管理认知决定了我们的管理水准，反言之，我们的管理水准也折射出我们的管理认知。

对于一个管理者而言，如果对管理的概念、要旨，不辨菽麦、不得其门、不知所以，那么在管理实践中只能"跟着感觉走，紧抓住梦的手，脚步越来越轻，越来越发愁。"

不少人认为，"管理"一词是舶来品，是西方人对管理学的一大贡献。其实在中国漫漫五千年的传承和积累中，我们的祖先留传给后人更为悠久而隽永的管理智慧。

这些智慧就蕴藏在我们每天都在使用的汉字之中。

接下来我先抛个砖，用一个常用词——"学习"为例，来凸显一下我们祖先所拥有的让我们后人所无法企及的智慧。

现代人把"学习"等同于"学"。但是在古代，我们的祖先却将"学习"划分为"学"与"习"两个过程。古人云："学而时习之"，这是一个完整、睿智的学习概念，这个概念指出了学习实际上包含了"善于学，勤于习"两个前后承接的过程。现代人重学轻习，甚至只学不习，结果就是不学无术，学而也无术。现代人习惯性地自以为是，对古人不屑一顾，但是就在"学习"这两个最普通的汉字里，我们的祖先苦口婆心想要传达的信息，我们都不能理解，我只能说，这是一种人类智慧可怜的沉沦和可怕的丧失。

不是吗？

我喜欢读书，常常为汉语言中所蕴含的智慧而击节称叹。东汉时期的许慎编撰了中国古代第一部系统分析字形和考证字源的字书——《说文解字》，这虽然是一本字书，却闪烁着耀眼的管理学光芒。可惜的是，太多的光芒我们视而不见，因为它们常常被浮华和庸俗蒙上厚厚的灰尘。睁大眼睛，扫去尘埃，让我们一起接受中华先贤留给我们的管理哲学吧。

什么是管理

【管理】

到底什么是"管理"？

"管理"这个词汇对于大家来说，应该是个高频词、常用词。我们首先看一看英文中管理一词的表达方式。

Manage ［ˈmænidʒ］

例：Manage Workflow 管理工作流程

control ［kənˈtrəul］

例：Quality control 质量管理

administrate ［ədˈministreit］

例：Administrate department 管理部

supervise ［ˈsjuːpəvaiz］

例：health supervise 卫生管理

以上是"管理"一词在英文中的四种常见描述。下面，我重点进行中文含意的剖析，我觉得只有汉字，才能够更加深刻地揭示管理的内涵，才具有更为丰富的现代管理学的指导意义。

第一种解析

现在我们把"管理"作为偏正词组来加以解释。

首先，把"管理"当作前偏后正的偏正词组来加以解释。管理、管理——管之道理。

那么什么是"管"之道理呢？我们看看"管"字就会明白了。

"管"字的上面是竹字头，"竹"代表什么，我觉得可以理解为惩戒，大家知道"鞭策"这个词吧？鞭是皮制的马鞭，策是竹制的马鞭，马鞭是不是骑手对马的惩戒工具？大家知道古代私塾先生怎样维持课堂秩序吗？用竹尺打学生手心，竹尺是不是老师对学生的惩戒工具？大家记得《烈火中永生》里江姐的铮铮之言吗？"竹签子是竹子做的，但是共产党员的意志是钢铁铸成的！"如此看来，竹子被普遍应用于惩戒工具的制作，换言之，"竹"代表了惩戒。

"管"字的下面是"官"字，"官"又代表什么？代表"职位"，代表"擢升"，代表"奖励"。

说到这里，"管"字的内涵就"真相大白"了。"管"就是奖励和惩罚，就是激励和约束。管理的真谛就在于：奖罚分明，有功当奖、有过当罚，不可将功抵消过，也不可因过埋没功。再延伸一点，"官"在"管"字下边，也就是说在企业奖罚之中，激励是基础。不少企业在这一点上有点"南辕北辙"，把惩罚当作管理重点，以罚代管，这就偏离了管理的正确方向。

在这里，赠送大家一句管理箴言：管理就是企业奖罚的道理，其要旨在于奖罚分明，以奖为主。

其次，把"管理"当作前正后偏的偏正词组来加以解释。管理、管理——据理施管、依理而管。

进一步拆字，我们发现：把"管"字拆开来，就是"个个官"三个字，可见"当官个个会管"。但是正如"戏法人人会变，各有巧妙不同"，对于不同的官来说，"管"的内容、形式、结果就大相径庭了。为什么？因为"管"所依据的"理"千差万别。

有的官，他管的依据是歪理邪说，管的过程是强词夺理，管的结果就是伤天害理，对于这类官、这种管，我送他们四个大字——岂有此理；有的官，他管的依据是天理良心，管的过程是揆情度理，管的结果是名正理顺，对于这类官、这种管，我也送他四个大字——昭昭天理。

"当官个个会管，各有道理不同"，那么什么样的"理"才是正理？我认为：物理（自然规律）、法理（社会法则）、伦理（人类道德），是"管"的依据；治理、清理、料理是"管"的过程；条理、合理、在理是"管"的结果。

按照这个管理认知，我们不妨对以下成语进行管理学角度的解读。

从管理职责来看，管理者必须履行"当家理纪"；

从管理原则来看，管理者必须信守"公平合理"；

从管理过程来看，管理者必须首先坚持"据理力争"，其次坚持"情恕理遣"，再次坚持"分条析理"。"据理力争"强调法理至上的管理刚性，"情恕理遣"强调宽厚仁爱的管理柔性，"分条析理"强调层次分明、脉络清晰的管理结构。

从管理结果来看，管理者必须做到"切理会心"。

在管理实践中，对于下列不恰当的管理行为要加以规避——毕竟这些管理行为"断无此理"。

"情理难容"——管理者的管理行为，无论从人情上，还是从事理上来说，都是不可原谅的。这说明管理者已经丧失了执政基础。

"吞言咽理"——对于违背管理要求、管理制度的行为，管理者却不敢声张和指辩。这说明管理者已经没有了管理权威。

"慢条斯理"——管理者说话做事，蜗行牛步，慢慢腾腾。这说明管理者忽略了组织效率。

第二种解析

现在我们把"管理"作为动宾词组来加以解释。

在《说文解字》中是这样解释"理"字的：

理，治玉也，顺玉之文而剖析之。

这段话翻译为白话文就是：理，就是加工玉石时，顺着玉石的纹理，剖析、雕琢。《韩非子·和氏》中有这样一段话："王乃使玉人理其璞而得宝焉，遂命曰：和氏之璧"。这一句话讲的是著名的和氏璧的由来，意思是：楚文王派玉石匠对包藏着玉的石头进行雕琢而得到宝玉，于是命名为和氏璧。这一段文言中有一个字需要解释一下——璞。什么是"璞"？"璞"就是指包藏着玉的石头，有一个成语叫"璞玉浑金"，就是比喻天然美质，未加修饰。"璞"还引申为人的质朴、淳朴，所谓"返璞归真"。

从本义上看，"理"是一个动词，表示对一个具有内在价值的物品，进行再创造、实现价值增值的过程。

随着汉语言的丰富、发展、演化，"理"字的释义也进一步延展，被越来越广泛地使用于抽象领域，从动词衍生为名词，表示：事物内在的规律、秩序、价值和品质。所谓"不可胜理。"

从这个意义上解析"管理"二字，那么管理的本质就是：对价值增值过程进行统管。

我们不妨把管理对象（这些管理对象包括人、财、物等可支配资源）比作"璞"——包藏着玉的石头，虽然它们具有内在品质和升值空间，但是尚处于原生态，从表面看与普通石头无异。这样一来，管理实质上就是一个"化璞为玉"的过程。这就要求管理者既善于发现"璞"中有"玉"的本质，又善于实现由"璞"生"玉"的目标。

由此可见，价值增值是管理的最高追求。这个价值既可以是资本的经济价值，也可以是员工的人生价值。所以我说，管理是建立在价值基础上的，一切管理活动都是追求价值、创造价值的，对管理者而言，过程没有效果重要，成本没有价值重要，效率没有效益重要。

在这里赠送大家一句管理箴言：管理的要旨在于遵循规律，追求价值，提升品质。

第三种解析

现在我们把"管理"作为并列词组来加以解释。

对于"管"，我用"管"字组三个词，并且用这三个词列出一个等式，来表达一个完整的逻辑关系。而这个逻辑关系就反映了"管"的要义：

管用 = 管制 + 管护

管制：强调在管中加以约束。

管护：强调在管中加以保护。

管用：强调"管"的结果就是效用——这种结果更大程度上强调经济上的收益。

这个等式反映出一个有效的"管"的行为应该包括两个层次，一个层次是约束，另一个层次是保护——当然这种保护也是建立在限制基础上的保护。

从以上讲述中我们不难得出结论："管"具有行为上、结果上的刚性。

对于"理"，我同样用"理"字组三个词，并且用这三个词列出一个等式，来表达一个完整的逻辑关系。而这个逻辑关系也恰恰就反映了"理"的要义：

理顺 = 理解 + 理喻

理解：强调听之以理——听听他的道理，让被管理者的意愿在管理者面前充分表达。

理喻：强调晓之以理——讲讲你的道理，让管理者的意志在被管理者身上充分转化。

理顺：强调"理"的结果就是顺畅——这种结果更大程度上强调组织上的协调。

这个等式反映出一个和顺的"理"的行为应该包括两个层次，一个层次是换位思考，被管理者的"小理"能够得到关注，另一个层次是以理服人，管理者的"大理"能够深入人心。

总体讲，"理"是道理的"理"，就是给员工讲道理，员工听进去了，就可以少管，甚至不管；"理"是条理的"理"，就是给员工建程序，员工都按规矩、按规律办事，就不需要管理那么多事务；"理"是伦理的"理"，就是管理者要注重道德修养，加强作风建设，以身作则，率先垂范；"理"是理性的"理"，就是管理者要按事物之理、按人性之理去管理，那么管理肯定会事半功倍了。

从以上讲述中我们不难得出结论："理"具有内容上、形式上的柔性。

根据第三种解析，我们可以得出结论："管"应当具有行为上、结果上的刚性，而"理"应当具有内容上、形式上的柔性。

第四种解析

现在我们将"管理"作为递进词组来解析。

我们先分析"管"字。"管"者，上竹下官。"竹"代表什么意思呢？中国古代用竹片记事著书，成编的叫作策。这样一来，"管"是不是可以解释为"为官的策略"？

作为"为官的策略"的"管"字到底强调什么呢？我们进一步分析"管"字——上竹下官，什么意思？官自然就是官员、领导者，所谓的劳心者，这是管的主体。那么，"管"字为什么要在"官"字上加个"竹"字？刚才我们把"竹"解释为"策略的策"，现在我们把"竹"解释为"政策的策"。

其实，竹子是中华文化非常重要的一个符号、一种元素，中华文化就是因为竹子而得以弘扬和传承。众所周知，中华文明早期的文字是镌刻在甲骨、钟鼎之上，囿于材料的局限，难以广泛传播，直至殷商时期，掌握文字者仅局限于上层社会，极大地限制了文化和思想的传播，这一切直到竹简的出现才得以改变。所谓"竹简"，就是在竹片上撰写文字，每片写字一列，将一篇文章的所有竹片编联起来，称为"竹简"。这是我国古代最早的书籍形式，它第一次把文字从社会最上层的小圈子里解放出来，以浩大的声势，进入更宽泛的社会大众。竹简起源于西周，兴盛于春秋战国，对中国文化的传播起到了至关重要的作用。也正是它的出现，才得以形成百家争鸣的文化盛况，同时也使孔子、老子等名家名流的思想和文化能够流传至今。可以说，竹简是中华文明的主流载体之一。竹子对于中华文明的影响之大，我们可以从信手拈来的经典成语中略见一斑。

成语"罄竹难书"，最早出现于《吕氏春秋》："乱国所生之物，尽荆越之竹，犹不能书也。"本义是"事端繁多，书不胜书"。后来《新唐书·李密传》清算隋炀帝十大罪行时说："罄南山之竹，书罪无穷；决东海之波，流恶难尽。"意思是：把竹子用完了都写不完，比喻罪恶累累。

"人生自古谁无死，留取丹心照汗青"，这是南宋爱国诗人文天祥在全力抗元、兵败被俘、途经零丁洋时写下的千古绝唱，表现了诗人坚贞的气节，慷慨悲壮，感人至深。诗句中的"汗青"，意思为：史册。因为在造纸术发明之前，中国人用竹简记事。而制作竹简时，必须用火烤干竹片里的水分，而在火烤时，竹片会冒出水珠，故称"汗青"。

之所以"山不转水转"地绕这么一大圈子，就是想说明一下竹简在中国历史上的独特的巨大的作用。在这里我还想告诉大家，作为中华文明的主流载体之一的竹简，其主要功能有二，一是记录符合统治者意志的历史，二是传播符合统治者意志的政策。对于前者，大家接触比较多，不再重复。对于后者，我举例说明。

1975 年，湖北省云梦县出土了大量秦代竹简，其中记录有秦代关于农田耕作和山林保护的法律制度——《田律》。由于律文中对于生态的保育颇为重视，因而《田律》被认为是世界上第一部有关环境保护的法律。

1983 年，湖北省张家山出土大量汉代竹简，其中记录有汉初赋税征课制度——《二年律令》。

好了，经过上面的一番解释，"管"字的含义，或者说"为官的策略"就可以这么理解了：管的主体当然是官，但是为官之重点在于政策的制定和实施。也就是说，制度管理是为官者的要诀。无论你从事的是企业管理还是社会管理，都离不开一件事，那就是制度设计、制度制订、制度执行和制度创新。如果你是一个善于思考的人，你一定会问，为什么"管"字中，"竹"在上而"官"在下？这是因为我们的老祖宗想告诫我们：官不是随心所欲、为所欲为的官，即使是制度建设的主导者，你也得置身于制度之下，对制度顶礼膜拜。综上所述，为官的策略在于制度管理。

下面，我们分析"理"字。"理"者，左"王"右"里"。这样一来，"理"是不是可以理解为"为王的内涵"？

作为"为王的内涵"的"理"字到底强调什么呢？答案同样在"理"字里。"理"左边是一个"王"字，表示"理"的主体是王，右边一个"里"字又是什么意思呢？按照《说文解字》的解释，"里"表示内，与外相对。它的含义在于：内心的修养。万物之精气，存乎地下，化作五谷；存乎天上，化作群星；流布于天地之间，称之为鬼神；蕴含于人之胸襟，称之为圣人。平息自己的欲念，治理自己的内心，持守中正，保持宁静，这才是王者的大道。

第四种解释告诉我们：作为管理者，我们既要加强团队的制度建设，更要加强个人的内心修养。

以上我们从四个角度对"管理"进行了解读。一个完整的管理，既包括"管"，又包括"理"。那么"管"和"理"到底是一个怎样的辩证关系呢？我告诉大家，"管"和"理"之间的辩证关系就是：先管后理、边管边理、重点在理。

先管后理：大家知道，与企业发展形影相随的是企业管理的发展。现在有人将企业管理划分为三个不同阶段。第一阶段，企业初创，管理者靠什么进行管理？靠权威，这个阶段的企业管理就是权威管理；第二阶段，企业做大，管理者靠什么进行管理？靠制度，这个阶段的企业管理就是制度管理；第三阶段，企业做强，管理者靠什么进行管理？靠文化，这个阶段的企业管理就是文化管理。这三个阶段中，第一阶段、第二阶段侧重于"管"，而第三阶段侧重于"理"。所以说先管后理。各位，我们经常说一句话，叫"形势一片大好"，但我们并不都知道什么是"形势"。这是兵法中的常用词。"形"通常指阵法，"势"简单指士气。形是静态的，势是动态的；形是由外而内的，势是由内而外的。在管理的时候，要分清楚"形"与"势"。一个公司，"形"可以是指组织架构、薪酬设计等制度体系，是由外而内、静态的。"势"是每个人是否从内心将自己与公司的成功联结在一起、分享公司的愿景。为什么古时候将军胜利要十里捷报？对于每一支军队来说，造"势"都是必要的。对于做企业来说，"形"很重要，"势"更重要。在企业发展的第一阶段、第二阶段，管理者应该强化制度建设，科学塑"形"。而在企业发展的第三阶段，管理者应该强化文化建设，深入造"势"，只有这样，企业才能真正做到"形势一片大好"。

又管又理：这个问题很简单，管理者的管理行为不可能是单一的"管"或者是单一的"理"，必然是"管"与"理"的有机结合，是刚性与柔性的有机结合。

重点在理：对于"管"和"理"孰轻孰重的问题，不同管理风格的管理者会有不同的理解和答案。但是从世界 500 强的管理经验来看，"理"比"管"重要，特别是企业进入管理成熟期后，必须靠企业文化来管理人的思想。所谓企业文化就是组织中的人所具有的共同的价值观和价值趋向。用共同的价值观和价值趋向，来约束成员和激励成员朝着实现组织目标的方向迈进，这就是"理"的要旨。在管理实践中，许多制度管理无法实现的管理目的，都可以用文化管理去实现，比如，员工按时上下班，但在工作当中偷懒、磨洋工、制造困难抵制工作等。这些问题通过制度层面上的"管"无法解决，而只能通过文化层面的"理"来加以校正。所以说重点在理——毕竟"管"只是为管的策略，而"理"才是为王的内涵。**管是官道，理是王道。**

如果非要给"管理"找一条最朴实的定义的话，我愿意推荐下面这一句：管理就是让人做事并取得成果。有了这个定义，我们就非常容易理解管理的"科学性、艺术性、战略性"：管理的科学性就在于让人高效地做事；管理的艺术性就在于让人愉快地做事；而管理的战略性就在于让人做正确的事！

谁来管理

【领导】

什么是领导？传统管理认为，领导是组织赋予一个人的职位和权力，以率领部属实现组织目标。而行为科学认为，领导是一种行为和影响力，这种行为和影响力可以引导和激励人们去实现组织目标。这些解释大多基于特定的理论。本文不打算探究这些理论，所以另辟蹊径，从语言学角度来探讨领导的内涵和本质。

第一种解析

第一种解析是从"领导"这两个汉字的本义上来展开。

汉语中的"领导"系"领"和"导"两字的复合，欲探究"领导"本源，须深入其字源关系，对此，我们先从"领"字着手。

《说文解字》："领，项也"。原来"领"的本义为"项"——脖子。大家可能不理解了，脖子与领导有什么相干？大家平常怎样称呼"领导"？"头儿"，这是最最常用的代名词，从来没有人称"领导"为"脖子"。一般人会认为"头"的喻象与领导有内在联系，可是汉字中偏偏以"脖子"作为领导的隐喻，这让人很困惑、很纠结。不过，大家一定熟悉一个词语——头领。"头领"的意思就是头和脖子，而不单单表示只有"头"才是 No.1。

　　我想问大家一个问题：头管脖子还是脖子管头？你肯定会说：当然是头管脖子了，脑袋是神经中枢，脑袋决定一切，这话现代人听起来一点没错，但是，在解剖学还没有出现的古代，你如果这么说估计会被扔鸡蛋。我们的先人所看到的事实是：脖子决定脑袋——脖子叫头朝东，头不能朝西，脖子叫头朝南，头不能朝北，也就是说，在古代人的常识里，脖子管头。所以，古代人用脖子作为领导的隐喻就可以理解了。不管是头还是脖子，总之，"领"字的基本内涵是制动或者叫控制。所以"领"字体现了领导的支配力。

　　再来看看"导"字。

　　"导"字的繁体是導。《说文解字》中关于"導"字这样解释的：从寸，道声。"寸"与"手"意思相近。因此"导"的本义：以手牵引，引导。

　　这就提示了领导的另一个功能：引导力。

　　所以完整的领导行为包括两个方面：一个是支配，另一个是引导。

　　第二种解析

　　第二种解释我们采用拆字法。

　　我们还是从"领"字开始。

　　首先，"领"字由"令"和"页"组成，意思是一纸令文，领 ＝ 令 ＋ 页 ＝ 一纸令文。那么是哪一纸令文能够决定你是领导？不用多说，当然是委任状。

　　所以当领导，你的权威、你的地位首先来自你的委任状。大家想想，即使是韦尔奇，如果没有委任状，他也不可能执掌通用。

那么又是哪一纸令文能够表明你是领导？不用多说，当然是发号施令的公文。

所以当领导，你的权威、你的地位还必须通过你的施政来加以巩固。在其位而不谋其政，就不是一位称职的领导。

我们再来看看"导"，导的繁体字是導，導＝道＋寸。道的含义是道理、方法。寸是指分寸、规矩。从字的构成上就很容易理解导的意思了；有道理、有方法、有规矩。上面从说文解字角度讲解了什么是领导。那么"领"与"导"又是怎样的辩证关系呢？

通过刚才的分析，我们可以发现：领是刚性，导是柔性。所以现代管理的领导原则就是：先领后导；少领多导；重点在导。

先领后导：没有权力就没有权威。所以要成为领导你首先必须合法获得权力。

少领多导：由于"领"强调的是统一性和跟动性，而"导"强调的是多样性和自主性，因此被领导者的能力越差越需要多"领"，被领导者的能力越强越需要多"导"。一方面，现代人的个性化特征越来越明显，那种以"排斥差异、整齐划一"为特征的传统的领导无论如何没有市场，而以"重视差异、重视个性"为特征的现代领导却大受追捧，个性化的领导将取代共性化的领导，艺术化的领导将超越科学化的领导，因此"导"比"领"更重要；另一方面当代领导的自主化趋势非常明显，人们的自主意识越来越强，"自我领导"的观念和潮流开始出现。顺应领导的自主化趋势，领导者要少一点控制，多一点激励；少一点"管"与"领"，多一点"理"与"导"。领导者尽量少为，创造条件让被领导者多为。

重点在导："导"是对下属精神上的引导、能力上的教导、心理上的疏导、业务上的指导、工作上的督导。

中国古代思想家老子把领导分为四个阶段：第一是"侮之"的高压统治，第二是"畏之"的硬性约束，第三是"亲而誉之"的软性管理，第四是"不知有之"的艺术领导。很显然，从第一阶段到第四阶段，领导的柔性化特征越来越明显，柔性化程度的提高是当代领导艺术的一个趋势。领导作用的发挥正在由刚性转向柔性，由显性转向隐性。领导者不只是靠控制、约束、命令等刚性手段要求被领导者，更是靠激励、沟通、引导等柔性方式来影响追随者；不只是靠直接的、外显的手段去指挥、监督被领导者，更是靠间接的、内隐的领导艺术去激发、支持追随者。

对于刚性化的领导，其领导力凭借的是组织法定权，领导者的权威来自于群体之外且凌驾于群体之上，人们接受领导者的支配，不是出于自觉，而是根源于遭受惩罚的苦痛。

对于柔性化的领导，其领导力依靠的是非权力影响力，领导者的权威来自于组织成员的自发接受，人们对领导的接受根源于他们对领导者自身价值的认可及其需求的满足。

在 21 世纪，领导不是越来越"复杂"，而是要越来越"简约"；领导力不是越来越"刚硬"而是越来越"柔软"；

领导者不是越来"越重要",而是越来越"不重要"。所以说,"领导"不仅是一种职务,更是一种姿态、一种认同、一种境界。

那么如何实现柔性化领导呢?

柔性化领导力的实施具有两个重要环节:一是率先垂范;二是共启愿景。

所谓率先垂范,即身先士卒,保持领先。美国组织行为学专家道格拉斯·K. 史密斯(Douglas K. Smith)认为:在 21 世纪的组织中,所有的领导者必须学会一种新的技能,那就是追随——追随我们的想象力和目标,追随我们为迈向目标而制定的管理原则,追随所有那些努力实现组织理想的人们。他认为,追随,正是一种"保持领先"的方式。在传统的组织中,领导者和追随者是截然分开的,领导意味着制定决策和确定方向,而追随意味着服从;而在柔性化领导的组织中,每一个人都必须学会领导和追随,每一个人都必须既是思考者又是行动者,既管理他人又管理自己,在这样的组织中,个人之间是一种相互追随、相互领导的关系。

所谓共启愿景,即齐心协力,朝向一方。美国人力资源管理专家戴维·鄂里奇(Dave Ulrich)指出:"有效领导的结果是很简单的,它一定要将理想付诸行动中。理想表现为许多形式:战略、目标、使命、眼光、预见和计划。不管过程如何,领导者总能激发起人们对于未来的渴望。"领导者不是去想象,而是去行动,不是去单打独斗,而是去化团队的愿景为团队的实践,从而实现领导共享,包括目标的共享、利益的共享、困难的共享、成功的共享。

通过这两条途径实施的柔性化领导是一种"不知有之"的领导，在柔性化的领导行为中，占主导地位的是被领导者而不是领导者，领导者仅仅提供服务、提供支持、提供情景、提供条件；被领导者在感觉不到被管理、被引导、被带领、被影响的情况下，领导作用已施加到自己身上，柔性化领导的作用好比"磁场"的作用，无形而有吸引力和感召力。

管理什么

【管人】

管理对象首先是人。为什么人是第一位的？我们看两个词就可以理解了：

企业 ＝ 无人则止业

单位 ＝ 无人则单立

大家看看，没有人的企业就要"止业"，没有人的单位就要"单立"。所以人是企业和单位的第一资源，因此作为管理者，必须首先关注人。有一个成语叫"适者生存"，同样揭示了人在组织中的重要性。

既然是适者生存，那么我们就看看什么是"适者"：

适 ＝ 舌 ＋ 走 ＝ 边走路边问路

所谓的"适者"，原来就是"边走路边问路的人"。如果你只走路、不问路，那么你就可能跑偏方向，如果你只问路、不走路，那么你就可能原地踏步。所以作为管理者，你带领企业向前赶路非常重要，但是不要忘记张嘴请教一下员工，你的目标何在、你的路径何去？只有这样，你才是适者，你才能生存。

企业或者单位中的人又可大体划分为两类，一类是干部，另一类是职工。

先说说干部的重要性。林林总总的管理理论告诉我们：管理方法的核心在于授权——授权于做事的人、有能力的人、有责任心的人、你信得过的人；管理者是教练员而不是运动员；领导要用干部管人而不是用干部做事；要关注团队组织的绩效而不是干部个人的绩效；要关注干部的领导能力而不是干部的个人业务能力。

那么作为管理者，对于你的干部应当保持什么样的管理要求？其实答案就在"干部"这两个字里边：

干部 = 先干后部

作为干部，第一要干活，第二要部署。所以作为企业或者单位中层的干部，首先要以身作则，身先士卒；其次要合理部署、科学安排。这就是对干部的总体的管理要求。

那么作为管理者，对于你的职工应当有什么样的管理要求？其实答案同样在"职工"这两个字里边：

职工 = 职 + 工

职 = 只 + 耳 = 只要耳朵听

工 = 在上线下线之间作为

这就告诉我们，职工的三条基本职业道德：一是执行；二是守纪；三是创造。有人会说职工的创造性何以体现？告诉你：

在上线下线之间自由地发挥、大胆地作为就是职工的创造性。

那么管人的根本在哪里？管人的根本不在知识，不在方法，而在一个"仁"。儒家核心概念就是一个"仁"字。

仁 = 人 + 二

"仁"字左边是个单人旁，右边是个"二"字，"二"是复数，代表多的意思。这表明儒家的核心思想是围绕着如何处理人际关系而展开的，是在探讨人与人的事情。

那么什么叫"仁"呢？孔老夫子早就告诉我们了——"仁者，爱人"，这句话把仁者的生存之道就一下子点出来了。强者生存靠的是"优胜劣汰"。而仁者不是，仁者靠的是"大爱无敌"。

道家的"八卦图"很有意思，一个"阴"，一个"阳"。我们不妨喻为一个己（自己），一个人（别人）。这个阴阳图的意思是什么呢？就是一个企业中自己和别人原本就是一个整体，自己这边一动，别人就会跟着动。所以，要管别人，在自己身上用力就可以了，这就是管人的奥妙。要懂得管人的穴位在自己身上，在自己身上用力，你就可以改变别人，因为你跟别人是一体的。

说到底，"仁者，爱人"就是要有一体化的概念，要把自己和别人当成一体对待。所以，"仁者"不是"厚道"两个字所能包含的。"仁者"不仅仅是"厚道"，更是一种智慧。什么智慧？知道企业中自己跟别人是一荣俱荣、一损俱损的关系，没有输赢的关系。因为你赢了，就是别人赢了。别人输了，你也就输了。一体的东西怎么分得了输赢呢？

所以在管人的时候，我们不要把别人当对手看，不要总想着战胜对方。"仁者无敌"，并不是仁者多有大本事，而是仁者眼里本来就没有敌人。

其实很多管理者生活在烦恼之中，就是因为他只想做强者。他以为，自己的烦恼是因为自己不够强大，于是拼命地做大做强，殊不知，被你征服的人越多，那么剩下来的就越强，你永远在战斗，永远在赢，但又永远有更强的对手等着你，你的人生就是一盘永远下不完的棋。

所以请大家记住：管人一定要克服强者思维。

【管事】

除了管人以外，作为企业或者单位的管理者，还应该管什么？大家知道一个机构在企业中除了股东大会以外权力最高的，就是董事会。我们不妨从分析这个董事会入手，看看管理者还应该管什么。

董事会＝草＋重＋事＋会＝小事＋大事＋会

原来董事会这样一个位高权重的机构其实就是管大小事的机构。看来管事是管理者的一个重要职责。

那么怎么才能实现高效管事呢？

我告诉大家：管人要靠领导，管事要靠流程。流程能管好的事情、能解决的问题，就不应该靠领导去管、去解决。靠流程管事能减少对人的依赖，从而降低人力成本，同时又能减少犯错，因为犯错的大多是人。严格按流程走可能不太方便，但一定不会犯错。

【管资本】

我们先分析"资"字。这个字，由"次"和"贝"组成，"贝"字非常容易理解，就是钱财。因为在商代，交换由物物交易，发展成使用等价交换物，当时等价交换物就是贝壳，其地位相当于现在的人民币，以至于汉字中与金钱相关的字，皆从"贝"旁，如财、贮、货等。令人费解的是，我们的老祖宗为什么在"贝"字上加个"次"字，组合成"资"字？这个问题一直困扰我很多年，不得其解，直到2008年国际金融危机全面爆发，我这才理解了老祖宗的良苦用心。大家还记得那一场金融危机的诱因吗？次级债！我不得不对老祖宗穿越几千年的睿智感到惊讶。在那个连纸还没有出现的年代，中华先贤就预言到了"次级债"这样现代的金融风险。作为后人，我们虽然没有老祖宗那样的智慧，但是不能没有老祖宗那样的风险意识。

我们再看看"本"字。《说文解字》告诉我们：木下曰本。"本"字的本义是：草木的根或近根的茎干。在"资本"一字中，"本"是母金、本钱的意思。在韩愈《柳子厚墓志铭》中有这样一句话：子本相侔。"子"是指利息，"本"是指本金，"侔"是指相等。

在这里我想强调：对于一个企业而言，资本固然重要，但是"人才与资本"的结合，才是企业最核心的资源。我们来看一个字：

财 = 贝 + 才

企业的发展目的就是追求利润最大化，简单讲就是"求财"。而这个"财"字就是"贝＋才"，就是"资本＋人才"，只有资本与人才的完美组合，企业才能发财、才能聚财、才能旺财。所以说，企业有"才"方能有"财"，"才"为财源，"德"为得因。

我们再看一个字：

败＝贝＋反文

一个企业，没有真正的人才，即使坐拥巨资，最终也会"不名一文"，落得一个"败"家之局。

如何管理

【团队】

第一种解析

团队＝口＋才＋耳＋人

"团队"这个词，如果拆开来看，是"口才"和"耳人"。因此它的第一种解析就是：一个有口才的人对一群有耳朵的人说话。这种解析，有两层含义。

一层是团队的结构，包括领导者和被领导者两个有机组成部分，那个有口才的发号施令的人不正是团队的领导者吗？而那些竖着耳朵听的人不正是被领导者吗？所以，任何一个团队必须要有一个精英担任团队的领导者，否则就不是团队。在这里讲一个笑话，加以说明：领导写一"从"字，问下属何解，下属回答"形影不离"，领导摇摇头，下属又回答"两人同心",领导说,错!即便两人也有主次,有前有后。领导又写一"众"字,下属回答"打牌三缺一",领导摇摇头,下属又回答"方向一致",领导说,错!虽然只有三个人,也有一个在上头。这个笑话一般用以嘲讽领导过于强调主次上下的关系,但是在一个团队中,领导的核心地位和作用是无可替代的,我们不能因为团队的和谐而遗忘团队的层次。只要有三个人,大家都想当官,大家都想好处,大家都想平等,其实这种良好的愿望根本不可能实现,总有一个人要爬到上面,爬上去的人是少数。这是团队生存的一个充分条件。

另一层是团队成员的素质要求。对于团队领导者来说,会说话是一种领导力,而对于被领导者来说,会听话是一种执行力。换言之,对于一个团队来说,领导者的领导力和被领导者的执行力是团队成功的基本能力。

既然说话和听话在团队中如此重要,那么领导者在团队中应该说什么话?被领导者在团队中应该听什么话?我认为,这个应该说和应该听的就是这个团队的共同愿景。

第二种解析

第二种解析是在第一种解析的基础上进行重新组合:

团队 = 口 + 才 + 耳 + 人 = 人才 + 口耳

"人才"大家都明白,那么"口耳"代表什么呢?

大家想想我们的口、耳作为器官它们的生理功能是什么?一个是说话,一个是聆听。说话和聆听实际上就是一个沟通的过程。所谓说口耳相传。

这样一来,我们的团队又有了新含义。

一个完整的团队必须具备的两大要件：一个是人才，另一个是有效的沟通。

没有人才，那还是团队吗？肯定不是，那是乌合之众。

没有沟通，那还是团队吗？肯定不是，那是一盘散沙。

我们不妨看一下开明君怎么用人，怎么沟通。

刘邦的管理艺术——用人

在中国的历代王朝更替中，只有两次农民起义成就霸业，一个是朱元璋，另一个就是刘邦。沛县刘三，手提三尺宝剑，领率一群能人谋士，斩蛇起义，灭秦挫项，五年问鼎，创建了长达400多年的大汉王朝。他一介布衣，何以能称雄？依我看来，刘邦的成功，一个重要原因是其高超的用人艺术。汉高祖刘邦才不及中人，但要说到人才管理，可以算作大师级的人物。刘邦取得天下以后，一次和王侯将相们讨论问题时说：我和项羽争夺天下，为什么最后天下是我的？刘邦听完各人的回答后说：你们只看到一方面，而没看到另一方面。他说：运筹帷幄之中，决胜千里之外，吾不如子房；镇国家，抚百姓，给馈赏，不绝粮道，吾不如萧何；连百万之众，战必胜，攻必取，吾不如韩信。这三个人是当今天下的人杰，可是这三个人都能为我所用，所以我能够夺取天下。项羽呢？只有一个范增，而且他还弃之不用，所以他丢掉了天下。

刘邦用人的独到之处在于——用能。比如，韩信善于治军，他就敢放手给兵；张良善于谋略，他就敢放手给权；萧何善于经营，他就敢放手给钱。刘邦的高明就在于敢于赋权给那些能够用权的人，即使他们比自己厉害。刘邦曾问韩信：能带多少兵？韩信说：多多益善，刘邦再问韩信：我能带多少兵？韩信说：陛下最多能带 10 万兵。刘邦三问韩信：为什么你反为我所擒？韩信说：陛下不善将兵，善将将。韩信的一席话，道出了刘邦成大业的真正原因——刘邦授权时从不计出身、不计籍贯、不计前嫌。周勃是个吹鼓手，樊哙是个屠夫，娄敬是个车夫，灌婴是个商贩，但他们各有其长，刘邦就针对各自的长处，充分赋权，形成了以刘邦为首领的团队力量，对刘邦一统天下起到了决定性作用。正是由于刘邦具有"爱才之心、识才之眼、选才之德、谋才之脑、提才之能、用才之胆、容才之量、护才之魄、育才之法、集才之力"，从而把普天之下的人才，都聚集在自己的周围。因此，企业老板们不一定样样都行，样样才干过人，但必须善于识人、选人、用人。否则，任何雄才大略都难以实施，任何宏图伟业都难以成功。

李世民的管理艺术——沟通

先介绍一个概念——沟通壁垒。

壁垒：本义为兵营四周的墙壁，泛指防御、戒备工事，比喻互相对立的事物或界限。比如，壁垒森严、关税壁垒，等等。什么叫沟通壁垒？就是由于职级、观念、心态等因素的影响，在人与人的交流中存在着有形或无形的障碍，造成团队沟通不畅。沟通壁垒的成因是这样的：组织是将一群人有序地结合在一起共同做事的工具，其必要的级层区隔（也称壳层制）是分工及业务流程的需要。但这些区隔一旦形成反过来就又成为组织内人们沟通的障碍。这种障碍既有有形（如办公空间的区隔）的，也有无形（程序上或心理上）的。当组织架构

（基本流程）及岗位职责确定后，人们的工作在一定（有时是很大）程度上是在与这些区隔作斗争。特别是当个人的既得利益与这些区隔有关时，这些区隔可能会变成"易守难攻"的组织壁垒。而这就是沟通壁垒。这种壁垒会随着组织（企业）与组织，人与人之间的地位高低、社会的影响力大小、兴趣爱好、信息量的对称性、财富拥有程度等方面的不同，呈现出程度上的高低不同。因此，如何打破"壁垒"，实现"高效沟通"，是管理学研究的重点和难点。沟通壁垒一般表现为：

对上沟通没有"胆"。缘于陈旧的等级观念，下级不敢主动与上司沟通。这种"怕"的偏见，一方面造成下级不能正确接受和实践上司的真确意图，贻误团队工作；另一方面造成下级不能及时了解和消除上司的错误理解，贻误个人发展。

平级沟通没有"肝"。由于人性的弱点，同朝为官者，或者唯我独尊，不敬重人；或者点到为止，不得罪人；或者推过揽功，不饶恕人，要不老死不相往来，要不话到嘴边留半句，要不嘴上一套心里一套。总之，平级之间的沟通很难产生感同身受的感觉和肝脑涂地的深度。

对下沟通没有"心"。在实际生活中，影响对下沟通的主要因素就是领导没"心"——缺乏真诚。

在沟通壁垒中，最严重、最普遍的壁垒就是上下沟通的壁垒。上下级沟通是企业沟通中最重要的沟通，这也是企业沟通中最主要、最可能提升工作效率，同时也最容易、最常见产生无效沟通的环节。很多真知灼见上司之所以没有选择，并不是因为他们经过权衡认为有瑕疵，而是他们根本没有接收到这些信息，当然很大程度上是上司主观拒绝了这些富有价值的信息。

我们来进一步看看最典型的上下沟通的范例——上谏与纳谏。上谏与纳谏是中国古代君臣之间的重要沟通方式，这种沟通是最直接、最有效的沟通，其最大的好处就是减少环节，避免失真。但是不得不承认：上谏是"最高风险的沟通"——上谏者的代价往往是杀头甚至灭门，而纳谏是"最高风节的沟通"。中国历史上上谏与纳谏的经典案例有很多，如邹忌讽齐王纳谏，但是能始终坚持接受谏言，广开言路的只有唐太宗一人。下面我们来跟唐太宗学习如何对下沟通吧。

唐太宗以善于纳谏、敢于从谏而闻名于世。他对君臣沟通的认知清醒而独到，对于沟通双方的关系，唐太宗是这样认识的：舟所以比人君，水所以比黎庶，水能载舟，亦能覆舟；对于沟通的功能，唐太宗是这样认识的：以铜为镜，可以正衣冠；以古为镜，可以知兴替；以人为镜，可以明得失；对于沟通的管道，唐太宗是这样认识的：兼听则明，偏信则暗。

对于沟通，唐太宗不仅认识到位，而且注意实践：

魏征为唐太宗的江山社稷立下了汗马功劳。魏征每次向皇上纳谏可谓斟酌再三，但他上谏后，唐太宗总是要休朝，出去散步。身边太监和大臣就问他原因。唐太宗直言道："我怕我在气头上杀了他。"原来，忠言逆耳，李世民知道魏征的上谏是对的，但面对这些谏言，自己要不然受不了约束，要不然下不了台面，总之在当时牙根老是痒痒。他怕自己一时冲动，杀了魏征，所以借口出去散步，以冷静大脑，理顺思路，缓冲气氛。据史料记载：在君臣合作的17年中，魏征提了几百条意见，唐太宗基本上都采纳了。李世民之所以成为大唐盛世君主，唐朝之所以成为中国历史上屈指可数的鼎盛时期，不仅显示了李世民爱才、惜才、容纳百川之胸襟，更显示了他在沟通能力上的"超一流"水平。我常在思忖："帅才"之所以能掌"帅印"并长盛不衰，也许其高明之处就在于他能广纳箴言，并在复杂矛盾和问题的处理上、在多种不同意见的判断决策上，都有较高的甄别能力。

唐太宗对下沟通的范例对我们具有深刻的启迪：要正确处理三种关系。

一是要正确处理长官意志与民众意志的关系。唐太宗李世民贵为天子，但他还能明白自己的不足，礼贤下士，注意采纳大臣的谏议。作为当今的领导者尤其要克服领导高明论，应该像唐太宗那样礼贤下士，虚怀纳谏，要善于向群众学习，从群众中汲取智慧和营养，把长官意志与民众意见、把民主与集中很好地结合起来，实行科学、民主决策，就能减少或避免决策和工作失误。

二是正确处理失策与失面子的关系。在三纲五常笼罩、封建等级森严、封建礼教盛行的唐代，李世民能够做到虚怀纳谏，不怕臣下犯颜相争，不怕自己失去皇帝的面子，闻言则喜，这种豁达的胸怀，是值得我们各位领导干部借鉴的。当下，在一些领导与下属之间形成了一种"领导唱歌我帮腔、领导讲话我鼓掌"的庸俗关系，这是值得我们警惕的。

三是正确处理兼听与博采的关系。唐太宗从与一位木匠的谈话中得到启示，了解老百姓的疾苦和政治得失，颁布了五品以上的官员轮流到中书省值班的制度。今天我们进入了 21 世纪的现代化信息社会，作为各级领导不仅要认真听取上级指示、身边秘书人员的意见，还要细心倾听人民群众的呼声，加强与民众的语言信息沟通，博采众言。只有这样，才能不断提高自己的领导水平，增强驾驭全局的能力。

唐太宗超人的沟通胸怀和艺术，造就了旷世罕见的君臣关系，使得君臣同心、上下同欲，创造了伟大的"贞观之治"。总之，沟通就是交流，有收获的交流必然是碰撞出来的，而不是附和、赞美出来的，没有思想碰撞的交流是失败的沟通。有人说：没有反对意见时从不做决定；毛主席也曾说"真理不辩不明"。所以沟通过程中，不要害怕有不同观点存在，要提倡质疑，如此才能促进企业发展。

对于沟通的重要性，我还想再分析几个汉字，以强化大家对沟通重要性的认识：

聪："总"是用"耳"朵听取群众意见的人，就是聪明人。

隘："耳"朵如果只听对自己有"益"的话，不愿听批评，其人心胸必然狭隘。

否：真正反对你的人，往往"不"表现在"口"上而是暗藏在心。

我们再来看一个与团队字面非常相近但意义非常对立的词汇——团伙：团伙＝人才＋口＋火。大家看到没有，如果一群人中，虽然人才荟萃，但是在沟通中总是开口发火，那么这些人才肯定成不了团队，而只能沦落为团伙。

【法规】

先看看"法"字。

"法"：古体写作"灋"。根据《说文解字》的解释：灋，刑也，平之如水，从水；廌（zhì），所以触不直者去之，从去。这段话的意思是："法"是个会意字。从"水"，表示法律、法度公平如水；从"廌"，表示法律、法度明辨是非。（解廌，神话传说中的一种神兽，据说它能辨别曲直，在审理案件时，谁的理亏，它就用角去触谁。）

"法"这个汉字对于我们的企业内部立法有什么启示呢？

（一）立"法"必正

刚才说过，在"法"字中隐身着一只能辨别曲直的神兽，试想，如果解廌不分是非，那么社会正义何在？所以，法是判断是非曲直的度量衡，法本身的是非曲直就显得尤其重要。正因为如此，从法的产生一直绵延发展到现代，正直始终是中国立法、执法、司法官员及其活动的价值指引，始终是中国民众用以判断法、法律官员、司法和执法状况的价值准则。企业内部同样必须做到立"法"必正。

（二）执"法"必公

从"法"字的造型也可以看出，法是要追求"平之若水"的。法字虽经千古演变，但其表明平之若水的"水"傍，至今仍是"法"字不可或缺的重要组成部分。在中国传统的价值观中，"公平"一词可以说是存在最广泛、使用最频繁的价值准则。在企业"小立法"完成之后，就必须做到执"法"必公。

（三）违"法"必究

实施刑罚、惩恶扬善是我国古代法的重要价值。从古人对"法"的解释中可以看到：法，刑也。也就是说，法与刑意义相通，这不难看出"法"所具有的刑罚价值。即使从简化字的"法"来看，法＝去水，也就是说法必须去除水分，换言之，法具有不可抗拒的刚性。这也说明了法的惩恶价值。

再来看看"规"字。

规，有法度也。从矢，从见，会意。《说文解字》告诉我们，"规"的本义是圆规。

那么从汉字结构来看，"规"者，二人见。这是不是告诉我们：无论是立规、执规、修规，都需要公开呢？我想答案是肯定的。

【决策】

《说文解字》这样解释"决"字——决，行流也。从水，夬（guài）声。本义为疏通水道，使水流出去。引申义为：决定、决断。

《说文解字》这样解释"策"字——马棰也。从竹束声。本义为竹制的马鞭。引申义为：策略、策划。

这样一解释，我们就弄清楚了"决"与"策"的区别——"决"是决断、决定，是"选主意"；而"策"是策略、策划，是"出主意"。

那么，如何理解"决"和"策"的辩证关系呢？

先策后决：既然"策"是"出主意"，而"决"是"选主意"，那么先策后决就容易理解了——没有策略何谈决策？

多策少决：多策强调的是决策前尽可能将所有的可行性方案穷尽，为"决"提供最丰富的选择。

重点在决：决策有四个要素。先问为什么，明确目的；次问干什么，确定目标；再问怎么干，选择途径；后问怎么变，完善对策。四个要素合起来就是决策。从表面看，把这四个要素组合好并不难，然而为什么人们会常常感叹：决策失误是最大的失误？因为决策难在选择，选择难在标准，标准难在排序，排序难在理智。我国过去几十年发展经济，强调"又快又好"，这几年中央把这个次序颠倒过来——"又好又快"，这就是科学排序。因此决策最重要的是选择，重点在于决，而不是策。

最后我再强调一点，既然"策"是策划、谋划，是"出主意"，那么在"策"的过程中就要解放思想、打开空间，如果保守就会失去更多、更好的选择；既然"决"是决断、决定，是"选主意"，那么在"决"的过程中就要抓住时机、缩短时间，如果犹豫就会失去更多、更好的机遇。

什么叫作"迟到"？

迟 = 走 + 尺

"迟到"的意思就是：落伍者，往往只是比别人晚"走"了一"尺"。这就是速度差异的结果。

再看看什么叫作"距离"？

距 = 足 + 巨

"距离"的意思就是：人生巨大的差别，始于足下。这就是捷足先登的优势。

再看看什么叫作"挫败"？

挫 = 手 + 坐

"挫败"的意思就是：想事事"坐"等到"手"的人必定一事无成。这就是立即行动的重要性。

【激励】

什么是"激励"？最形象的答案就是：给他鲜花给他梦。这里"给他梦"是"激"，是激发他的动机和欲望，给他鲜花是"励"，是对他正确行为的一种奖赏和鼓励。由此可见，激发的作用可分为两个相互联系的阶段：第一阶段是"激"，是激发人的热情，激发人的动机，激发人的潜能，激发人的创造性；第二阶段是"励"，是及时奖励、鼓励人的正确行为。"励"是一种评价，一种反馈，一种正向的行为强化。总之，"激"的对象是人的行为的动机，"激"作用于心，是虚的。"励"的对象是人的行为的结果，"励"作用于行，是实的。"激"与"励"要保持一致，动机与结果要保持一致。

那么激励中如何处理"激"和"励"的关系呢？

先激后励：行动是动机的结果。因此领导激励首先要"激"员工的动机，当员工按照动机行为之后，就要对员工的行为进行"励"。这是先激后励的道理。

再激再励：不存在一蹴而就的激励，正如世界上不存在永动机，人的行为也不是永动的，需要不断地提供动力。因此激励是一个永不停歇的过程。

重点在励：励是对行为结果的奖励与鼓励。企业的发展需要不断的动力和有效行为，每个有效行为后应该及时给予"励"，才能激发、强化员工保持热情和创造性。因此在激励中，保持激励的长效性就要坚持重点在励。

有一个词叫作"赶超"。这个词是对领导激励的很好注解：

赶＝走＋干。说明在企业前进过程中，领导要边走边干，这样才能赶上别人。领导带头实质上就是对员工精神进行"激"。

超＝走＋召。说明在企业前进过程中，领导要边走边号召，这样才能超过别人。那么什么是"召"？"召"的本义就是"庖丁将肉块切割完毕，示意食客们上前就餐"。大家发现没有：有效的号召需要物质上的"励"。

综合起来，企业要想赶超别人，领导就要实施两种激励，一种是边走边干——这是精神激发的"激"；另一种是边走边号召——这是物质鼓励的"励"。

管理目的是什么

【赢】

"赢"字是个象形字，由"亡""口""月""贝""凡"这五个字构成。在我看来，这五个字恰恰代表了五种深刻的管理含义。

　　"亡"要求管理者学会危机管理。我们必须要随时了解我们所处的环境变化，过去成功的经验往往是未来失败最大的动因，安逸的日子过久了，我们会越来越丧失斗志，有一个敌人或者竞争者的好处是，它至少不会让你懈怠。人如果没有了危机感就没有了压力，就不会去突破自我的极限，取得更大的成就。因此在"赢"字中首先需要强调的就是危机感。"亡"也可以表示"无"的意思，要学会让自己归零，对很多人、事、物，不要抱主观成见。

　　"口"要求管理者学会沟通管理。在这个社会里，沟通就是财富，沟通才能创造机会。在这里我强调一下，虽然在"赢"字中，我们用"口"代表沟通，表示必须把你的想法告诉其他人，要在不同的场合中宣示目标与决心。但是我们不要忘记：成功的沟通是双向的，除了有良好的言语表达能力之外，也要有倾听的能力。听得清楚，有助于了解彼此的需求，也才更有助于自己陈述观点。所以高明的沟通者应当学会聆听。

　　"月"要求管理者学会时间管理。因为"岁月不居"——时光不停地流逝，永远不会停留。任何赢的结果，都需要时间的积累，需要在日积月累上下功夫，泡沫式的英雄，最后总是昙花一现。关于如何进行时间管理，大家可能阅读过一本美国人撰写的管理学畅销书——《高效能人士的七种习惯》。这本书推介的第三个习惯是——要事为先（Put First Things First）。美国人喜欢用象限的方式来展示理念。重要、不重要是一维，紧急、不紧急是另一维。重要且紧急的事情在第一时间做完，重要但不紧急的事情，可以暂时放一放。中国人喜欢跟外国人学管理，这一习惯尤其体现在喜欢阅读外国管理书籍上。其实中国人在美国建国之前就已经总结出了"要事为先"的方法论。从小师长就教育我们：做事要分"轻重缓急"。大家想想看：轻重是不是代表重要、不重要，缓急是不是代表紧急、不紧急。我们的老祖宗是不是很有前瞻性、很睿智？美国人颠三倒四了大半天，才说清楚的管理原则，中国古人仅用四个字就表达了精髓。

"贝"要求管理者学会财务管理。我们只有学会了财务管理才能积累财富，才能实现财富保值增值。中国最早以贝壳作为交易的货币，因此"贝"可以简单地说是钱，然而有钱就一定会赢吗？这倒也未必，有的人虽然没有钱，但是他有品牌、有技术、有充分的人际关系、有丰富的从业经验等，这些都是无形资产。这是我们在财务管理中必须加以高度关注的。

"凡"要求管理者学会制度管理。"凡"的本义是铸造器物的模子。因此，"凡"要求管理者学会制度管理。首先制定制度，然后按照制度去执行。

"赢"这个字，其实包含了五个中国字，也包含了赢家所需具备的五种素质。我想如果管理者能够做好这五个方面的管理，那么大家离成功也就不远了。

前文用了很大篇幅跟大家说文解字话管理。说了半天，有没有实际的应用价值呢？我们承认管理需要说，但我们也不得不承认管不仅仅需要说。我们看看"说"字

说 = 言 + 兑

我们的老祖宗在"说"字的创造上就煞费苦心,"说"是先言语后兑现,其实我们的老祖宗一直在提醒我们要兑现,要实践。

管理者进化

什么是管理？

所谓管理就是：管理者通过战略或者策略的选择，优化配置资源要素，从而达到低投入、高产出的经济目的，这样的经营行为就是管理。

根据这一定义，我们不难得出：管理的要旨在于"低投入、高产出的经济目的"。换言之，管理活动总是围绕着管理目的而展开。而管理目的一经实现，就会转化为管理成果。根据管理成果的差别，就可以辨析出管理理念的差别，进而辨析出管理者的层次差别。

组织管理的发展大体可分为三个阶段：人治—法治—德治。当下，中国大部分组织处在人治到法治的过渡阶段。但是非常遗憾的是，绝大多数的管理者，并不明晰自己的组织处于哪一个阶段，因而无法因时施管，对症下药，必然导致低效甚至无效管理。比如，有的组织仍处于人治阶段，制度体系尚未修订完成，就大干快上，启动文化建设。

因此，厘清管理阶段，完成管理进化，提升管理效能，是组织管理者的必修课。

管理者第一层次：司机型

概论

司机型管理者为实干型管理者。他们是现实主义者，注重产品的生产和市场的占有。他们采取集约化的管理策略，实施精细化的管理行为，从决策到执行，往往亲力亲为。其职责有如司机，既要负责打方向，又要负责点油门，还要负责踩刹车。

司机型管理者通过管理，使组织形成了一整套包括生产设备、生产车间、生产资金等在内的有形资产。这一类型管理成果的特征是可计量性。即形态的物质性和计量的货币化。因为，它们都是具体的物质，并且都可以用货币形式进行总量统计。

中国是一个"人治"传统悠久的国家，这一点也体现在组织管理中。司机型管理者总是与人治型组织相生相伴。在人治型的组织里，那些对组织做出重大贡献的管理者——或者是在建立时的组织创始人，或者是在困境中的组织拯救者，受到组织成员的尊敬甚至崇拜。这时他们往往会神化自己，或被别人神化，成为至高无上的独裁者。喜欢独裁是人的天性，而这种天性在群众崇拜的环境中变为现实，管理者的思想就成为组织的绝对意识，管理者的语录就成为组织的最高指示。

司机型管理者能够担当组织创业的使命。其成就在于：完成组织的原始积累。

如果司机型管理者管理的是企业，那么他应当选择经营型继任者。因为对于继任者而言，可供支配的资源就是总量一定的生产工具和生产资金。

当代中国，人们习惯运用这一形式的管理成果，来衡量组织的成功与管理者的成功。

案例

福特公司创始人——亨利·福特

应该承认，福特的确是一个汽车天才，他提出汽车进入家庭的观点，不仅造就了一个福特公司，而且造就了一个兴盛百年的汽车行业。1903 年创立福特公司；1908 年设计出世界上第一款百姓车——T 型车；揭开了世界汽车工业革命的序幕；1913 年开发出世界上第一条流水线，缔造 T 型车产量 1500 万辆、至今无人打破的世界纪录。为此，福特先生被尊为"为世界装上轮子"的人。但遗憾的是，福特先生是一位独裁者，福特公司也就自然而然地成为一言堂。当通用公司等竞争对手致力于汽车的人性化、个性化时，福特先生固执己见，坚持生产单一的 T 型车，甚至在下属研制出新款车型时，亲手砸掉样车。由于福特的顽固不化，福特公司将行业老大的地位拱手相让于业内晚辈——通用公司。在福特 T 型车问世之时，通用公司的创始人威廉·杜兰特先生刚刚在底特律完成注册。然而由于通用公司在美国率先实行股份制和专家集团管理，公司发展突飞猛进，目前，已经成为全球最大的汽车制造商，年工业总产值高达 1000 多亿美元。无论是福特的遭遇，还是通用的机遇，归根结底，都是组织管理者不同管理哲学的结果。

均瑶集团董事长——王均瑶

这位出生于浙江温州的民营组织家，开创了中国商界的许多个"第一"——1991 年 7 月以私人身份承包了从长沙到温州的航班，从而打破中国民航业计划经济的坚冰；1992 年创办了国内首家民营包机公司；2002 年成为国内首家参股国有航空运输业的民营组织；2003 年又参与收购湖北宜昌三峡机场。除航空业外，均瑶集团还进军房地产业和乳业，集团资产总规模达到 25 亿元，目前拥有上海、宜昌两座均瑶国际广场，乳业生产基地遍布全国。王均瑶还是一位热心社会公益事业的组织家。2000 年起，在三峡地区投资建乳品厂，推广"万户移民养牛计划"，为三峡移民开辟就业渠道。均瑶集团的三峡投资成为中国光彩事业典型案例，在联合国全球协议论坛上宣讲。巨大的经济规模，也让王均瑶拥有了显赫的社会地位，生前他担任的主要社会职务有：十届全国政协委员、中华全国青联常委、全国工商联执委、中国光彩事业促进会常务理事、中国青年组织家协会常务理事、中国志愿者协会常务理事、上海市浙江商会会长等。

比较优势

作为组织的开创者与突出贡献者，司机型管理者在相当大程度上主导着组织的发展。事实上，这种高度集权的"人治"模式往往因为决策链条短而提高决策速度。

我们先考察一下自诩"法治天堂"的美国，在应对突发事件上的决策速度。

卡特里娜是 2005 年大西洋飓风季的第一个 5 级飓风，也是自有记录以来大西洋盆地的第 6 大风暴。2005 年 8 月 25 日，它以 1 级飓风登陆美国佛罗里达州；8 月 26 日，升级为 3 级飓风，对阿拉巴马、密西西比和路易斯安那州的沿海区域造成威胁；8月28日，升级为5级，达到飓风的最高级别；8月29日，再一次在路易斯安那州登陆，新奥尔良市遭受重创。据官方统计，死亡人数达到1836人，失踪705人，上百万受灾群众流离失所，飓风最终造成的损失约为250亿美元。

白宫速度。卡特里娜肆虐美国期间，总统布什正在自己的得克萨斯州农场进行为期一个月的休假。31日，距离飓风首次登陆已经一周后，白宫宣布总统提前两天结束休假，督导赈灾工作。在从得克萨斯飞回华盛顿的路上，总统乘坐空军一号，在新奥尔良上空盘旋"视察"了灾区。

联邦紧急事务管理局速度。在飓风袭击新奥尔良5小时之后，联邦紧急事务管理局（FEMA）局长迈克尔·布朗才要求派遣1000名救援人员"两天内"赶赴灾区。而他本人是灾后24小时方才通过广播报道，得知有2万人被困在体育场。

联邦政府和地方政府的协作。美国是典型的联邦制国家，联邦政府和地方政府的关系不是从属关系，在很大程度上是一种合作关系，应对此类灾害的原则是：行政首长领导、中央协调、地方负责。但面对如此巨大的灾难，州和地方政府的力量是非常有限的。9月2日，布什要求路易斯安那州政府将救援工作的管理权交给联邦政府，这样，就可以派联邦军队开展搜救。但路易斯安那州官员经过一夜商讨后，拒绝了联邦政府的要求，因为如果把管理权交给联邦政府，州政府就不能动用自己的国民卫队和地方警力协助救灾。这样一来，救援力量的削弱，大大延误了救援行动，扩大了灾害后果。

地方政府的协作。格雷特纳地在密西西比河西岸，与新奥尔良隔河相望，并且有一座桥梁联通。当接纳约6000名从新奥尔良逃出的难民之后，格雷特纳决定设置路障关闭该桥。格雷特纳的警察甚至用枪指着持续到来的新奥尔良难民要求他们原路返回，不得进入格雷特纳。

无独有偶，2008 年 6 月，美国中西部密西西比河流域由于连降大雨导致河水暴涨，有 6 个州遭受严重损失，至少造成 24 人死亡，148 人受伤，3.5 万人流离失所，直接经济损失超过 15 亿美元。19 日美国总统布什视察防洪堤坝，他在灾区待了不到 3 个小时。他对当地官员说，他到这里来"只是听一下你们的想法，并表达联邦政府的关切。"

从以上例子中，我们不难看出：虽然美国拥有全世界堪称完美的法治体系，但决策链条的冗长，决策速度的低下和合作程度的欠缺，无疑导致了灾难的扩大化。

我们再看看以效率著称的邻国日本。2011 年 3 月 11 日 13 时 46 分，日本本州岛附近发生 9.0 级大地震，地震引发大海啸，日本随即启动灾后救援。然而缺乏统一有力的领导，导致进展缓慢——由于担心余震，正在岩手县搜救的日本自卫队队员竟然自行撤离救灾现场，而当地 5000 户被埋、10000 人失踪；地震造成核电站燃料泄漏，日本政府指派自卫队出动直升机到核电站上空洒水，为核反应堆降温，遭到自卫队拒绝；日本船运组织 NYK 公司拟派遣船舶帮助运送直升机前往沿海灾区，发放物资，遭政府拒绝，原因是这家组织没有从事这类作业的执照；不少国外捐赠的药品难以发放，因为这些药品来不及通过日本监管部门认证。具有讽刺意义的是：东京黑帮"住吉会"第一时间开放各处事务所，作为灾民庇护中心，为灾民提供食宿。灾民普遍反映：黑社会的救援效率比政府更高。

与美国、日本的应急机制相比，中国式的集权管理无疑具有速度上的不可比拟的优越性。

自然灾害检验着中国政府的工作效率。北京时间 2008 年 5 月 12 日 14 时 28 分，中国汶川发生 8.0 级地震，强震波及全国大多数省市区，造成了重大人员和财产损失。面对这场突如其来的灾难，时任中国国家主席胡锦涛立即作出指示，同时成立了以温家宝总理为总指挥的抗震救灾指挥部，震后 20 分钟，国、省两级地震工作者启程；震后 1.5 小时，温家宝总理飞往都江堰；震后 2 小时，民政部调拨 5000 顶帐篷；震后 8 小时，国务院副总理、国家减灾委主任回良玉提前结束访问回国；地震后 16 小时，总参谋部下令济南军区、成都军区和空军向灾区紧急增援 34000 多人，采取空中、铁路和摩托化机动的方式，多路向灾区开进。在灾区气象条件不符合机降要求的情况下，用降落伞直接投送救灾兵力。各部队到达灾区后，接受成都军区统一指挥。这一系列行动，凸显了中国政府最高决策机制在应对突发灾难时的快速与高效。难怪美英军事观察家感慨道："在规模大、条件复杂、准备时间短的情况下，多军兵种，多种方式，远距离同步开进，这是一个国家武装力量投射的最高表现形式！"

其实支撑中国救灾速度的强大力量正是集中体制的效率。所以，包括联合国秘书长潘基文、埃及总统穆巴拉克、秘鲁总统加西亚、加蓬总理恩东、日本参议院议长江田、澳大利亚外长史密斯、新西兰贸易部长戈夫、欧盟委员会贸易委员曼德尔森等在内的各国政要纷纷表示："中国政府的救灾效率，超乎想象。"

比较劣势

王均瑶的英年早逝，令人扼腕。作为浙江民营企业新一代的领军人物之一，他的逝世，成为社会关注的焦点。王均瑶之死不是孤例，而是一个现象，反映出中国企业家，尤其是民营企业家在精神和体力上普遍的过劳状态，因而也引起了人们对中国企业家健康状况的极大关注。

在人们眼里，企业家总是被鲜花和荣誉所缠绕着，然而调查结果表明，中国企业家平均每天工作 18 个小时以上，他们忘我地投身于事业之中，在成就个人辉煌的同时，却也付出了沉重的代价。

温州市曾经对当地 87 名知名企业家进行体检，结果如下：高血脂 51 例、高血压 37 例、高黏滞血症 35 例、颈椎病或椎间盘膨出 31 例、脂肪肝 22 例、冠心病 6 例、脑梗死 4 例、糖尿病 13 例、高尿酸症 9 例、代谢综合征 15 例、前列腺增生 15 例。这些数字真切地反映出，企业家饱受疾病困扰，健康状况普遍堪忧。

沉重的心理负担也在伤害着中国企业家的身心健康。据国务院发展研究中心的一项调查显示：2002 年，全国 3539 位接受调查的企业家中，25% 患有与工作紧张相关的慢性疾病，如神经衰弱等。一些企业家因焦虑和孤独，甚至产生厌世心理。

王均瑶的离世反映出中国第一代民营企业家的命运，对生命的透支成为中国这一代企业家的致命弱点。

每个成功的民营企业家背后都有着不同寻常的创业经历，但相同的一点是，他们大都具有"拼命三郎"的精神。正是凭着这种精神，王均瑶在短短十几年的时间里集聚起几十亿元的巨额财富；也正是凭着这种精神，中国的民营经济才能在改革开放的浪潮中迅速成长，成为中国经济结构中的一支有生力量。然而，随着企业的摊子越铺越大，勤奋而无畏的企业家们却突然力不从心——出差回来等待他的永远是厚厚的文件。颇具讽刺意味的是：在这些企业家为下属的执行力而苦恼的同时，下属也在为"等签字"而抱怨，这是大多数中国企业的悲哀。

做"拼命三郎"的代价也是十分沉重的。在将所有的事务包揽于一身，事无巨细、事必躬亲的同时，企业家所牺牲的是休息，是健康，甚至生命。难怪有人说：中国的民营企业家都是用身体打江山——创业初期，透支健康，积累资本；事业初成，企业扩张，企业家不得不像一个自转的陀螺，永远也停不下来。当历经拼搏、功成名就之时，他们却发现生命之舵不在自己的手中。这些叱咤风云、纵横捭阖的精英，没有输给竞争对手，而是输在自己手里。

这就是司机型管理者的宿命：管理者大权独揽，包揽一切，最终将自己绑架在永不停顿的战车上，直至崩溃。

司机型管理更为致命的后果是：易导致团队成员缺乏独立思考。由于缺乏健全的决策机构，重大事项无法实现民主决策，甚至没有机构能为决策者提供有效的监督和帮助，因此决策难逃赌博色彩。决策效率背后的决策质量堪忧，这正是独裁的主要成本。借用 IT 技术语言讲，独裁是单一主机驱动而民主是"云计算"。可以说，这一类型组织，成败完全取决于管理者，一个团体的命运，维系于一个个体的命运之上。没有管理者个人，就没有组织团队。反之，由于没有人能制约这个管理者，组织缺乏纠错机制，所以，管理者的失误必然扩大为组织的失败。在人治型组织中，人在组织在，人亡组织亡，几乎成为一个普遍规律。许多组织正是在巅峰时刻开始走下坡路，而管理者还陶醉在过去的辉煌和群众的掌声之中。这正是许多组织短命的原因。

造成这一现状的根源在于管理者的自身定位。即管理者究竟在组织内部扮演什么角色。在很多中国组织中，管理者的角色不是制定战略并带领和指导团队实现战略的领袖，而常常错位为一个基层管理者，这一方面使各部门职能形同虚设，组织效能低下，员工逐渐养成对管理者的依赖，不愿意承担责任；另一方面，身陷在细节性事务中的管理者个人也分身乏术，很难拿出更多的精力去思考更重要的战略问题。管理者角色错位是管理者自身定位没有及时跟随组织成长进行调整使然，它使组织长期处于不正常的运转状态中，甚至对组织的健康成长产生破坏作用。

角色进化

组织管理者需要清晰地知道组织的走向和自己的使命，对自身的定位要随着组织的成长而变化，由创业阶段的基层管理者进化为发展阶段的教练和成熟阶段的领袖，并且学会依靠团队而不是个人来有效驾驭日益成长的组织。

作为"领路者"，管理者的职责是目标引领，也就是"做正确的事"，而执行层面的事情，比如过程控制，则交给"管家婆"，也就是职业经理人来做，最终的理想境界就是：自己只决定"做正确的事"，而由职业经理人来最终"把事做正确"。

当然，角色的转换是一个逐步的、艰难的过程。包括企业家在内的管理者们存在着种种疑虑。首先，他们在长期经营中对自己的智慧充满自信，很难相信其他人也能有自己一样高明的判断和运营能力。例如，他们往往对政策、市场有着相当强的敏感性，善于发现市场机会并有把握市场机会的执行力；他们有着较强的公关能力，能与政府、银行等社会机构建立良好的合作，从而获取必备的资本和资源。而这些能力是很难复制和模仿的。其次，作为组织最大的股东甚至唯一股东，他们不放心把自己的资产交给别人去打理；最后，在我国，职业经理人市场的不完善也使得企业家迷惑：到哪里去找值得信赖的人？

即使迫于内部压力和外部专家舆论导向，管理者开始逐步授权，却也是心不甘情不愿。想想看，你管理的组织有没有这样的问题——下属进行"反授权"，部门或分公司负责人责任承担不到位，把问题上交；沟通效率和效果不佳，指示不明晰，汇报不充分；士气不足，积极性、主动性不够……如果有，那么授权的有效性就值得怀疑了。可能你以为你在授权，事实上你并不想授权，或者被授权人的权限和他的责任并不对等。在这种情况下，责任并没有真正得到下放，你依然是事无巨细的"管家婆"。

无论如何，随着组织的长大，创业者的角色进化是必需的。角色进化的关键就在于创业者心态的转变。创业者本人改变心态，学会放弃，逐渐把不重要的事、不擅长的事进行授权。如果没有从心底树立授权的勇气和决心，再怎么引进职业经理人，或设置战略发展部、投资管理部等一大堆职能部门，也都是纸上谈兵。

既能把事情交给人家做，又能使事业朝着自己运筹策划的方向走，这才是组织管理者的本事。一个人越超脱，事业就越大。因为只有超脱，才能居高临下。因此，我们不得不承认：超脱是一种本领、一种智慧。

西汉有一个丞相叫丙吉，有一年春天，他到长安城外去踏青，走到半路就有人拦轿喊冤，查问之下原来是有人打架斗殴致死，家属来告状。丙吉回答说："不要理会，绕道而行。"走了没多远，发现有一头牛躺在路上直喘气，丙吉下轿围着牛查看了很久，问了很多问题。人们就议论纷纷，觉得这个丞相不称职，死了人不管，对一头生病的牛却那么关心。皇帝听到传言之后就问丙吉为什么这么做，丙吉回答："这很简单，打架斗殴是地方官员该管的事情，他自会按法律处置，如果他渎职不办，再由我来查办他，我绕道而行没有错。丞相管天下大事，现在天气还不热，牛就躺在地上喘气，我怀疑今年天时不利，可能有瘟疫要流行。要是瘟疫流行，我没有及时察觉就是我丞相的失职。所以，我必须了解清楚这头牛生病是因为吃坏了东西还是因为天时不利。"一番话说得皇帝非常赞赏。丙吉问牛的寓意在于：管理者应该清楚自己的职责，明白什么该管，什么不该管；什么是有所为，什么是有所不为。

管理者层次不同，管理的层面也就不同。不同管理层次，管理层面既没有重叠，也没有分离。对于同一问题，管理者所处的层次不同，关注的事情、思考的问题、管理的层面就应有所不同。比如，基层员工违纪，班长关注的是"谁违纪"，思考的是"如何处理"；而部门主管关注的是"违纪被处理没有"，思考的是"处理效果及影响如何"。两个层面，既不重叠，也不分离，而是共同组成一张疏而不漏的管理网。

以草根经济为特色成长起来的中国民营企业，固然离不开一个强有力的创业者和领导者，然而，随着企业的发展壮大，按照现代企业制度的要求，在组织管理中引入职业经理人制度和专家管理团队，实行所有权与经营权分离，既是现代组织运作的基本方式，更是中国企业的当务之急。

管理者们应记住：你们自身也是组织的一个稀缺资源，如同财务资源一样，管理者资源也是十分有限的。在不重要的事情上牵扯过多精力，会影响到在重要业务上的精力投入，因此管理者必须真正从内心认识到自身作为资源的重要性和有效配置这项资源的必要性，在时间、空间上合理分配自己的时间、精力，决定哪些自己应该做，哪些别人应该做。

这就是司机型管理者突破人治，实现进化的必由路径。

管理者第二层次：机长型

概论

机长型管理者通过管理，使组织形成了一整套包括技术体系、管理制度、组织品牌等在内的无形资产。

机长型管理者管理成果的特征是：可描述性。即可以通过文档形式加以描述和记录，并且在管理者的推动下加以执行和落实。第一层次的管理成果与第二层次的管理成果的共性在于：两者均可以进行货币化的计量（与技术相关联的经营行为，如技术服务、技术转让，总是以市场价值作为合同标的。而组织品牌也可以科学评估确定市场价值）。而区别在于：前者属于物质形态，而后者属于非物质形态。

机长型管理者为专家型管理者。他们要么是技术专家，要么是管理专家。他们注重产品的研发和市场的引领。在技术标准、管理制度等"固件"的支持下，组织运作不再完全依赖组织家。组织家的职责有如机长，在常态下，执行 AUTO 飞行的程序，除非遭遇强气流等特例，方才需要机长的人为干预。

在这一类团队中，员工一般不会按照管理者的期望去做事，而是按照管理者的考核去做事，因此，管理者的考核应该体现管理者的期望。

机长型管理者同样可以担当组织创业的使命，只不过在创造市场产品的同时，管理者同时创造了相关的技术标准、管理制度、组织品牌。其成功在于：实现了组织的成熟。

机长型管理者应当选择执行型继任者。因为完善这些技术、执行这些制度、维护这些品牌，组织就可以保持正常运转。

案例

微软——比尔·盖茨

成立之初，比尔·盖茨一度坚持：微软是一家由优秀的程序员组成的软件公司，应当也必须集中精力于软件程序。所以，他几乎事必躬亲——掌管工资单、计算税利、草拟合同等，甚至亲自编写过大量的代码。当时，微软的创业者就是机械地、疯狂地编写程序、销售软件，几乎没有时间做其他的事。

后来，当比尔·盖茨意识到"创造软件应该成为一个追求完美的极其复杂的过程"的时候，开始在引进最好的程序员的同时，引进产品规划人员、软件测试人员、文档编写人员，以及使他们协同工作的部门经理。一批并不懂得技术的智囊人物，像史蒂夫·巴尔默，与程序开发人员开展合作，使软件最终成为成功产品。事实上，把巴尔默引入微软一直被比尔·盖茨视作最重要的抉择之一。他雇用了许多精英，他们中的大多数并不编写程序，他们与客户交谈，了解市场当前的需求以及明天的趋势，并且把这些内容通报给开发人员；他们把软件本地化成各种语言；他们设计用户界面，使得客户可以更高效地使用微软的软件；他们与组织接触确定微软的软件可以满足其需要。这时候，比尔·盖茨的全部工作就已经简化为全身心地发现合适的人。一旦选定最好的，就全身心地信任他们，依靠别人的思想和经验，来实现自己的想法。

以未来应用为导向的市场战略，可以保证微软痛下杀手，砍掉正在赚钱的金牛，而不因为比尔·盖茨的态度将没有前景的产品保留在微软的产品名册中。微软最早是以 MS－DOS 起家，占有 80%～90% 的软件市场份额，是微软最赚钱的商品，但是 DOS 还是被 WINDOWS 所取代，这不是由于竞争者的威胁，而是微软期待更加美好的未来市场。

当互联网的爆发威胁 WINDOWS 的发展时，尽管比尔·盖茨一度坚持以网络为次要策略，但是只有短短 9 个月的时间，微软就转型成为以网络为焦点的公司。大多数的公司都是在面临产业更新时犹豫不决，丧失先机。而不受个人判断力制约的市场策略，总会让微软从不犹疑，迎头赶上，所以我们看到的一个事实就是：微软的绝大多数产品在 5 年时间就被自我淘汰。

战略、机制、技术、标准的建立完善，使得微软创造了个人计算机的一个又一个神话。"让每一个家庭、每一张桌子上都拥有计算机"的梦想逐步成为现实。

可以说，比尔·盖茨是机长型管理者的典范。他既催生了包括 3.1、95、98、2000、XP、VISTA、WIN7 等在内的庞大的 WINDOWS 家族，而且形成了 IT 的国际标准。2007 年 5 月，比尔·盖茨宣布卸任。其实，价值数千亿美元的微软帝国并不是他才能的最好证明，世界信息产业的技术体系才是他留给全人类最宝贵的财富。

摩根大通——杰米·戴蒙

在大多数人眼中，投资银行曾经只是巨大财富的代名词。而2008年持续发酵的金融危机揭开了这个行业的神秘面纱，光芒褪去后，人们开始将诸多苛责加于其上。在全球经济低迷的大背景下，全球历史最长、规模最大的金融服务集团之一——摩根大通，是美国大银行中唯一没有出现亏损的银行。全面的风险管理制度成为摩根大通经营业绩稳步上升的重要根源。而这一切得益于杰米·戴蒙的创造。杰米·戴蒙总是认为经济萧条随时可能到来，所以他一直致力于为最坏的事做准备，把风险管理、成本削减和标准执行等贯彻到底。

杰米·戴蒙曾经效力于美国第一银行。当时第一银行"四面楚歌"，他到任后第一个行动就是建立一套复杂的风险管理系统，这套系统有效地监督风险，使第一银行在科技泡沫破碎前，减少了向世通和其他科技公司上百亿美元的高额贷款。后来这套风险管理系统又被他带入摩根大通，在2008年的经济危机中，再一次大显神威。

为了有效地管理各类风险，戴蒙在摩根大通建立了两个层面的风险管理体系：

（1）董事会层面的风险管理体系

公司董事会下设风险政策委员会和审计委员会两大决策机构，主要负责风险管理战略及政策的制定，并对经营管理层面的风险管理职能部门进行监控，属于战略层面的风险管理

风险政策委员会主要负责设计、修正公司的风险管理政策

和程序，颁布风险管理准则，确定部门风险限额，审批限额豁免，监控所暴露的风险，确保公司所承受的风险在总量与结构上均与公司的风险管理目标一致。同时，风险政策委员会负责监察风险管理职能的执行情况，考察风险管理和评估的效果。该委员会每周召开一次例会，需要时可随时召集临时会议，主要讨论风险敞口与其他头寸，研究潜在的新交易、新头寸以及风险豁免等问题，并定期直接向董事会报告。

审计委员会对涉及风险计量和风险管理程序的方针和政策进行督察，并监管内控体系以确保公司操作风险管理程序得到合规执行。此外，两大委员会还共同负责公司信誉风险的监控，将有关公司风险的报告提交给董事会。

（2）经营管理层面的风险管理体系

经营管理层面的风险管理属于执行和操作层次，由三大委员会、三大职能部门和六大事业部的风险管理委员会三个等级构成，具体负责风险管理战略及政策的执行。

位于公司风险管理结构图第一级的是三大委员会，即运营委员会、资产负债管理委员会和投资委员会，他们由公司执行总裁直接领导。运营委员会由公司高管组成，负责公司运营中全面的风险管理。资产负债管理委员负责对利率风险、流动性风险、资本管理风险和公司资金交易定价政策进行监管。投资委员会负责对公司以自有资金进行的全球并购业务进行督察，但不涉及公司私募股权投资业务及其他主要融资业务。

位于公司风险管理结构图第二级的是三大职能部门，即资金部、风险管理部和法律顾问部，他们具体负责公司整体风险管理。资金部负责计量、管理、监控和报告公司利率风险和流动性风险，并对执行资产负债管理委员会的政策负责。风险管理部由风险执行官领导，行使独立的公司风险控制和管理职能，直接向公司执行总裁报告。风险管理部内部设有不同小组，分别负责管理信用风险、市场风险、操作风险和私募股权投资风险，同时还负责提供风险技术、风险政策和方法，风险报告和风险教育。法律部则负责管理公司法律和信誉风险。

位于公司风险管理结构图第三级的是六大事业部的风险管理委员会。公司风险治理结构建立的前提是每个业务部门必须管理好各自的业务风险，包括决定每一项业务的风险战略、风险政策和风险控制。必要时，六大事业部风险管理委员会可以将相关风险性问题提交给公司运营委员会。

戴蒙在摩根大通建立的风险控制与管理流程是：

风险识别：公司从事业务和风险管理的专业人员制定了专门的"缓冲战略"，通过动态计量公司内外因素对交易和头寸的潜在影响来识别风险。

风险计量：公司运用各种方式计量风险，通过风险压力测试和外部风险标准的比较，计算可能的、意外的损失及相关风险值（VAR）。同时定期检查风险控制目标，以评估风险模式和假设，确保公司计量风险合理，反映真实情况。

风险监控：公司制定风险管理的方针和程序，根据不同的客户、产品和业务分别设立风险限额，按日、周、月进行监控。

风险报告：公司的风险报告涵盖所有的业务，各业务部门按日、周、月向管理部门提交报告。

风险识别、计量、监控和报告方面的能力对确保公司平稳运营及提升盈利至关重要。

有效的风险管理机制使得摩根大通成为美国按资产计算最

大的银行，也是盈利能力最强的银行，其经营能力经受住了国际金融危机的考验。在美国2012年3月份的年度银行压力测试中，该行以良好成绩率先通过。2011年3月26日，《巴伦周刊》网络版评出了2011年度全球30大最佳CEO，杰米·戴蒙排名第四。

然而成也机制，败也机制，只不过失败往往始于机制的破坏。2012年5月，一向稳健的摩根大通爆出巨亏事件：其首席投资办公室（以下简称CIO）亏损20亿美元。一时间，整个金融市场为之震动，摩根大通股价一路走跌，最终跌幅为9.3%。杰米·戴蒙也不得不承认"犯下了可怕的大错"。

摩根大通此次巨亏并非毫无先兆，绰号为"伦敦鲸"的交易员伊科西尔及其团队建立巨大风险头寸、对赌市场的故事早已在业界流传。但是，戴蒙没有启动自己打造的风险管理机制，对此置若罔闻，监管当局也是作壁上观，最终导致事件的发生。

比较优势

坠机理论的启示——上飞机之前，组织领导人给自己的组织买"保险"了吗？

假如关于比尔·盖茨遇害身亡的谣传是真的，微软会怎样？群龙无首、一片混乱，还是一如既往、井井有条？

假如王石在珠峰8680米的地方，没有找到那个还剩半瓶氧气的瓶子，万科会不会"稀里哗啦"？

当然，以上的假如并没有发生。但是商业界同样会不断出现各种个人的意外，比如1985年IBM个人电脑业务部总负责人埃斯特利奇坠机身亡；2003年家乐福集团的第一股东保罗·路易·哈雷也死于飞机事故；中国的一些组织家同样死于非命——青啤的彭作义、海鑫的李海仓、长青的刘恩谦等，他们的突然消逝都对其组织的战略和管理造成了深刻的影响。如果当年 IBM 个人电脑业务部总负责人埃斯特利奇没有登上那架令他送命的飞机，他的功劳可能远不止使 IBM·PC 被《时代》周刊评为 1982 年"年度风云人物"，也许还能使 IBM 抓住 OS2 的机会而不会让微软称霸整个操作系统。

一直以来，在组织管理领域，人们经常担心一个组织的命运过于依赖某一个领导人。他才能非凡，资源丰富，个人魅力十足，他就是组织的化身，就是组织的"护身符"。可是，一旦他突然"坠机"身亡，组织就像失控的飞机一样，面临不确定的下场。怎样才能不让领导人对组织的影响太大，以至于一人亡而组织衰呢？怎样才能让组织避开这一可怕的"死亡定律"，依然持续健康地发展下去？管理界一直有着"坠机理论"的说法，即组织需要在平日的经营管理中采取适当的措施，形成一套完整制度，避免因组织的领导者突然"坠机"，从而导致组织"坠机"。

不怕一万，只怕万一。依赖"英雄"，不如依赖机制。坐飞机之前别忘记买"保险"，"保险"就是：突破个人魅力怪圈，建立常规性的领导者继任程序。鼎鼎有名的 GE 前 CEO 杰克·韦尔奇当年就是这样脱颖而出的。1974 年，韦尔奇的前任、刚在 GE 任首席执行官三年的雷吉·琼斯已经开始考虑继任人选。1978 年年初，雷吉·琼斯打算使继任人的竞争变得激烈起来。他开始对候选人搞了一系列活动，称为"机舱面试"。"我把一个人叫进来，对他说：你和我现在乘着公司的飞机旅行，这架飞机坠毁了。谁该继任通用电气公司的董事长呢？好家伙！这个问题真像朝他们浇了一身冷水，他们迟疑了一会儿，转过身来。会谈一直持续了两个小时。"三个月后，琼斯将所有候选人召集来搞了另一轮机舱面试。"还记得咱们在飞机里面的对话吗？"韦尔奇说："啊，记得。"然后就开始出汗了。琼斯又说："听着，咱们这回同在一架飞机里飞行，飞机坠毁了。我死了，你还活着。你认为谁该来做 GE 的董事长？"琼斯特别要求他们提出三个候选人的名字，并就 GE 的战略目标作出判断。提自己名字的人就要回答这样的问题：GE 面临的主要挑战是什么？他准备怎样应付这些挑战？

两次机舱面试之后，1978 年春天，琼斯选择韦尔奇为 GE 的下一任董事长兼首席执行官。实际上，GE 选择接班人投入了大量的时间去了解几位竞争者的情况，从而确定继任人的最佳程序方案。因此即使"坠机理论"真的在 GE 发生的话，他们也能保证公司的管理稳定。遗憾的是，这只是一个特例，大部分的组织还没有意识到提前进行"机舱面试"的必要性。

全球知名人力资源管理及咨询服务公司翰威特在 2003"亚太区领导人才最佳雇主"调研结果中披露，所有的十佳雇主都有详细的组织领导人发展策略，相比之下只有 50% 的中国组织这样做。另外，有 90% 的十佳雇主制定了从组织内部选拔领导人才的策略，50% 的十佳雇主制定了从组织外部聘用领导人才的策略，并至少在三分之二的时间里通过轮岗制激发人才的潜质，但只有 31% 的中国组织会定期实行轮岗制，更不要说"机舱文化"了。

直指目的领导力培养，在现任领导人突然不在时，无疑是"短、平、快"的解决方式。但是，这种转变也不过是把组织从一个人手中交到另一个人手中。

博雅全球总裁柯伟思认为，在公司中，出色的 CEO 还需要建立起一个好的领导团队，使得这个团队跟他具有同样的理念，持有同样的价值观。这个领导团队能够保证任何时间任何地点离开 CEO 都能使公司持续发展。所以当有媒体屡次质问王石从事危险的极限运动是不是对股东和股民不负责任时，王石不以为然。"打高尔夫就一定安全吗？它的时速是每小时100公里，像颗子弹一样。我曾经有个香港朋友，高尔夫球正好飞到他嘴上，当场毙命，满口牙全掉了。"他还说，都知道世界上对人身造成最大危险的事情是交通事故。"难道出门要坐进一个大软球，百撞不侵？"创建万科20年，王石做了一个总结："我选择了一个行业，选择了房地产，创造了一个品牌，万科地产品牌；建立了一个制度，培养了一个团队。已经20年了，如果20年了还不能离开这个公司，那是我的失败。如果王石离开万科，万科就稀里哗啦，那这就是一个病态的组织。"万科的成功，并不表现在王石在的时候，而是在王石不在的时候。所以王石说这些年一直在远离万科："可以这么说，如果选三个上市公司的董事长，然后把他们全灭了，受影响最小的就是万科。"

一个公司如何做到制度化至关重要。王石认为，一家公司的成长，尽管掌舵人具有相当大的作用，但公司要获得长期发展，关键则要看它是否建立起了比较完备的，又切合该公司成长的制度及运作方式。换句话说，现代组织制度才是保证一个成熟组织持续并长远发展的关键

同样，SOHO 中国的潘石屹自驾车西行，行程3380公里，离开公司和工作6天。他并不担心自己不在公司就乱了套。《福布斯》曾做过一个有趣的分类，全美400名富翁中，许多

人天生就爱冒险，比尔·盖茨喜欢快速的车和游艇，他接到过很多超速罚单。

相比较于个人的信誉、能力和行为，也许王石宁愿股民们将所有的信任从他的身上，转移到万科所建立的现代组织制度上，也正是有了完备制度与合理的运作方式作后盾，掌舵人王石才敢去爬雪山，玩滑翔伞，甚至驾船远航，冒更多的险。万一哪个组织的领导人意外"坠机身亡"了，组织还能正常运作甚至走上坡路，那肯定得益于一种良好的管理制度。

一句话，机制比英雄更靠得住。

法治的组织可以靠一套制度来纠正个人的错误，即使最高领导人做出错误的决策，也有一套纠错机制来规避风险。这样，即便个人退出或死亡，依然可以依靠制度而长青。任何人都是组织机器上的一个零件，零件坏了可以换，但整部机器仍可正常运行。

比较劣势

我们先看看管理的三项权力：

①执行权——通过流程化实现标准化

②决策权——通过制度化实现标准化

③控制权——不可标准化

组织中常常出现"顺而不从"现象——似乎没有人违反规定，但是也没有人按规定做。这是因为人的行为管理可以通过规则解决，但是人的内心管理却具有非标准化、非强制性特征——员工到企业工作，交出的是劳动时间和劳动力，而他的思想心态精神也跟着来了，却并未交出来，他怎样做人是他自己的事，你无权管他。我们在管理中遇到了一个无权去管，但又不得不管的对象，我们的法治原则往往是失效的，因为这些事情本身没有办法标准化。因此法治并不是灵丹妙药，包治百病，它是有条件的。

然而遗憾的是，机长型管理者往往致力于人的标准化。管理者把时间浪费在寻找一个和他一模一样的人上，但结果是一无所获。于是管理者又会想方设法去培养、去复制。但是从管理实践来看，这种人的标准化是难以实现的，这是由机长型管理者对人的性恶判断所决定的。曾经有位知名的经济学家这样说："所谓制度就是假设员工都是坏蛋，需要制度加以驯化；所谓流程就是假设员工都是傻瓜，需要通过流程加以优化；所谓标准就是假设员工都是机器，需要通过标准加以规格化。"机长型管理者想让员工少犯错误，宁肯相信规则，也不相信人；想要基业长青，宁可依靠规则，也不要依靠人。他们习惯于拿着规则而不是人性来测量员工行为。

角色进化

向泰勒学习事的标准化。泰勒是标准化或基准化管理的创始人，现在的许多标准，如 ISO、GMP 等大量标准化管理体系，沿用的仍然是他的思想方法和工作方法。标准化管理已经成为现代管理，而不仅仅是生产管理的一个普遍性核心构成部分。

向孔子学习人的标准化。孔子带给我们的启示，这就是做人的几个标准——要做一个忠臣，要做一个孝子，要做一个君子，要做一个烈女。

这几个做人标准的内涵在于：忠臣——君为臣纲（解决上下关系、行政关系）；孝子——父为子纲（解决父子关系、血缘关系）；烈女——夫为妻纲（解决夫妻关系、两性关系）；君子——君子义以为上（解决朋友关系、友情关系）。

孔子的思想为什么能通过两千多年的实践一直延续下来呢？实践证明这种控制方式是非常厉害、非常有效的，他的高明之处就是提出了一个中国人的标准概念。

总之，机制不但在人类社会存在，在自然界也普遍存在，而且远在人类社会之前，已促使世上所有的物种、生灵繁衍和进化。大自然的万物众生都不是孤立的，而是相互依赖、相互作用的，这样就形成了一个"机制体系"，并在这个体系之下形成了一系列自然准则。动植物之所以能够进化，就是因为大自然有一个"物竞天择，适者生存"的自然机制——虎与狼总是用它们的牙齿迫使其他动物进化。所以尊重、建立、运用机制和规则，应当成为一个组织管理者的职业本能。

只不过，在制度化管理的基础上，精神化管理不可或缺。

管理者第三层次：船长型

概论

船长型管理者通过管理，使组织形成了一整套包括组织文化、组织精神、组织理念等在内的无形资产。

这一类型管理成果的特征是：可复制性。即可以在组织家与组织员工之间、组织家与继任者之间、组织员工与组织员工之间进行复制。第二层次的管理成果与第三层次的管理成果的共性在于：两者均属于无形资产。而区别在于：前者既可以用货币形式评估价值量，又可以用文字加以精确而完全的描述。

后者却更多地表现为"只可意会、不可言传，只可身教、不可言传"的意识形态。

船长型管理者为领袖型管理者。他们注重组织家修养，养成组织家特质，如思维、精神、品德等，并在耳濡目染中加以复制和传播，从而形成组织特质。他们的管理权威不是来自领导地位而是来自人格力量。在管理实践中，他们履行着"船长"职责——既不直接操纵方向舵，也不亲自爬上瞭望塔，他们只发出管理指令，完全由下属完成管理行为。因为他们正是凭借着在大风大浪中历练形成的精神和经验，左右着船员的意志，从而控制着船舶的前进。

船长型管理者无论在组织创业时期还是在组织扩张时期，无论是在经营顺境还是在经营困境，均堪当大任。只要这种精神在、这种文化在，组织将永葆青春，即使天有不测，也能涅槃重生。其成功在于：创造了不死的神话。

船长型管理者可以选择激情型继任者。因为领袖精神是这一类组织的发动机。

案例

船长型管理者，最典范的当属李云龙。他经营的组织就叫独立团，他倡导的组织文化就是亮剑文化，他实现的管理成果就是亮剑精神。追根溯源，独立团之所以是独立团，就是因为李云龙；独立团之所以敢于嗷嗷叫，就是因为李云龙敢于嗷嗷叫。李云龙把李云龙精神复制给所有的组织员工，也就形成了独立团精神。他的组织本来也是惨淡经营，"濒临破产"，但是因为这种精神，独立团依靠小米步枪，打败对手，夺取洋枪洋炮，发展成为掌握先进战斗力的独立旅。

从企业文化的角度来看，李云龙虽然斗大字不识一个，但在打造团队精神上却有独到的一面。李云龙打造的企业精神核心是勇于进攻，在战场上永远是进攻，以进攻的心态去战斗，以进攻的心态去突围，战士要死在冲锋的路上才叫值得。组织管理者们可以从他身上悟到一些如何打造企业精神的模式。同样是八路军军团，并且其他团长的文化程度都比李云龙高，但是在打造勇于进攻的企业精神上，李云龙却是佼佼者。同时也说明了一个问题，并不是以个人文化程度来区分企业文化的优劣，因为企业文化的核心层就是精神层，而精神层的东西，只要你有思想并敢于将自己的思想影响他人，你就是企业文化的倡导者。在一个公司还没有形成自己独特文化的时候，你可以打造自己的部门文化，就像李云龙一样，他只是一个独立团团长，但他却有效地打造了一个"勇于进攻"的军队文化，他的成功体现在五个方面。

第一，在大会上强烈要求。在部队突围的战前动员会议上，他的一番讲话虽然简短，却充满着热烈的精神鼓动性，大意如下：我们独立团的每一个同志，必须是死在进攻的冲锋路上，只有这样，你们才没丢独立团的脸。他的这番话非常具有鼓动性，将突围的思路转变过来，因为突围和进攻是两个不同的概念，而他是打造一种进攻精神，以进攻的心态去突围。他的这番话实实在在地影响着每一个战士和干部，在后来突围过程中，骑兵连连长在子弹打完的情况下，率领十几个战士对付日本鬼子的一个骑兵联队时，从十几个人到只有他一人的战斗过程中，每次冲锋前他始终喊着一句话："骑兵连，进攻！"看了这个细节的观众一定被这种勇于进攻的精神所折服。

第二，在战略思想上十分强调。在旅长命令他撤到徐家裕村防守日本鬼子的进攻时，他又违抗命令改防守为主动进攻，带领一营的部队埋伏在鬼子的必经之道，一举歼灭了鬼子一百多人的精英观摩团，打破了鬼子想要一举拿下八路军旅总指挥部的阴谋。有一次上级要求他从侧面撤退，他却改为正面进攻，一举击败山本联队。他的进攻思想从战略上也毫无保留地表现了出来，懂得用进攻的思想去思考上级领导的命令，虽然屡次违抗命令，但他都明白军队最终目标是打胜仗，按照打胜仗的思想来衡量上级领导的每一次命令，能在执行命令的过程中机动地分析上级领导指挥中存在不足的地方。

第三，在培训中慢慢融入。士兵在进行拼刺刀训练时，李云龙要求他们用木刺刀真实地训练。赵政委当时反对，认为这样太残酷了，前两天有两个战士就是因为对方误伤而被折断了两根肋骨。而李云龙却说：我宁可要他们在训练中少两根肋骨，也总比在战场上丢了性命强。这其实就是勇于进攻精神的系统化延伸，既然要打造勇于进攻的精神，你就得有勇于进攻的资本，拥有能进攻敌人的能力。围绕打造勇于进攻的精神目标，就必须要有种勇于向前、勇于拼搏的奋斗精神，拥有可以拼搏的强劲体魄，否则拿什么去进攻敌人？

第四，在个人行为上充分体现。打造这种勇于进攻的精神，还体现在李云龙自己能以身作则方面。当一个连长被困后，他拿过战士的冲锋枪说："同志们，咱们从来没有落下一个战士，大家再跟我冲回去。"将那种敢于进攻的精神体现了出来，也为战士们树立了一个敢于进攻的模范形象。

第五，在奖励制度上系统完善。在选拔会武功的优秀战士时，他自己站出来进行鼓动性讲话，谁能将他摔倒谁就有资格吃肉，通过这种激励机制来激发战士们要有敢于进攻的思想。

李云龙独立团由原先打败仗的团队到后来日本鬼子听之头痛的团队，并能有效从同行业中脱颖而出，成为整个行业中最有实力的"企业"，原因是精神打造符合当时"企业"发展需求，符合当时"员工"的思想素质。打造的"企业精神"能有效地从其他团中脱颖而出，是他懂得从多方面入手来打造一种进攻精神。

所以说企业精神的打造必须要从多方面入手，在会议上强烈要求，在制度上系统完善，在战略上要十分强调，在培训中慢慢融入，在管理者行为上要充分体现，真正做到全员皆兵，这样才能打造一个系统的企业精神，并且是实际可行的企业精神。

李云龙不禁让我们联想起一本书，这本书就是丹麦人杰斯帕·昆德所撰写的《公司精神》。"如果一个国家的精神已摇摇欲坠，那么其他的事情也必将如此。"这是《公司精神》的一句引言，它并非危言耸听。一个国家如此，一个组织同样如此。管理者必须通过塑造公司的精神、信仰与灵魂，才能建立一个强大的公司。一个组织只有具备了坚实的精神基石，它才能获得强大的市场空间和市场地位。

最进步的公司总是通过精神、知识、理念来运作的公司。公司一旦拥有公司精神、信仰和灵魂，便能够用公司精神、信仰、灵魂的作用去控制组织和市场。公司管理就已经从制度化管理升级为精神化管理。

与这一类型的组织同时诞生的是这一类型的新型组织家，他们不仅是公司的经济领袖，同时也是公司的精神领袖。他们虔诚地信奉着他们有能力去诠释、去表达、去传播的东西。他们以精神型领导模式展现出来的无形的能量，推动公司前进的步伐。这一类型的组织家首先为公司创造了一套价值观，而不是让一般性的操作技能、管理流程来掌握和约束公司的进步。

强大的精神力量决定核心和效率。在一个良好的公司精神所形成的框架内，会产生充分自由的个性化空间和空前活泛的创造性，所不同的是这种创造性和个性化在现在比过去得到更多更有效的建设性使用。

IBM 就是这种精神化管理的杰出代表。在业内，IBM 被形容为以教派的方式，将精神、信仰、灵魂加以机构化和系统化。众所周知，IBM 有三个基本价值观：追求卓越、最好的客户服务和尊重员工。《华尔街日报》曾经报道说：IBM 的文化是如此根深蒂固，以至于一位员工在离职九年后发表这样的感慨——离开 IBM 就像移民一样。由此可见，IBM 的每一个员工都得到了 IBM 精神、信仰、灵魂的复制，并成为这种精神、信仰、灵魂的所有者，与其说他们是 IBM 的公司员工，不如说他们是 IBM 价值观的信徒，他们从来没有怀疑 IBM 的精神、信仰和灵魂。

迪士尼公司拥有一本内部"圣经"。这部"圣经"这样说：当你关注迪士尼的时候，你会很容易忘记那是一家公司，你会很容易忘记那不是一种社会或精神活动。迪士尼公司不仅销售产品，更是销售感情、销售文化、销售价值观——这种价值观就像迪士尼所拥有的长盛不衰的品牌一样不可动摇。在美国，如果你想成为米老鼠俱乐部的会员，那么你首先必须了解并实践米老鼠的誓言——"在家里、在学校，无论在哪里，我都要做好事。我要做一位优秀的美国人。"小甜甜布兰妮就是米老鼠俱乐部的一位会员。在丹麦，当一家生产灯具开关的公司要求能够被允许使用迪士尼人物形象时，迪士尼的回答斩钉截铁：不行。理由就是：迪士尼不希望引发儿童住所火灾的任何可能，即使这样的可能性能够得到杜绝，即使这样的拒绝损失了一宗数以亿美元计的合同订单。在法国，迪士尼同样强有力地维护着自己的精神、信仰和灵魂，在法国的迪士尼，法国人享用的餐饮并不提供葡萄酒，这甚至被法国人控诉为违反人权，但迪士尼从来没有因此而改变过自己的"教义"，因为它不希望迪士尼成为儿童长大后酗酒的原因。"无论在哪里，我都要做好事"，这就是迪士尼的精神、信仰和灵魂。

星巴克是另外一个对精神化管理顶礼膜拜的公司。星巴克人从来不认为自己处在咖啡行业里为人们提供服务，他们坚信：自己处在人性的行业中在为他们提供咖啡。这绝对不是玩文字游戏，渲染咖啡豆、渲染顾客、渲染星巴克式的情调和享受，让一切都浪漫起来，这是星巴克的精神、信仰和灵魂所在，也恰恰是消费者对星巴克备感满意的地方。

比较优势

与成功的组织相反，失败的组织，无一不是缺乏灵魂。很多人把失败归结为竞争对手具有更优秀的产品质量、更低廉的生产成本、更强大的技术研发、更成功的市场营销。其实，与公司的精神、信仰、灵魂以及这种精神、信仰、灵魂对消费者思想、观念的影响相比，一切都处于从属地位。所以说，失败的组织中，其实并不缺乏有能力的人，而是缺乏有精神、信仰、灵魂的人，缺乏有能力将全体成员引领向正确方向的精神、信仰、灵魂的人。因此组织需要一个真正的指挥者，一个在组织中可见的人，一个信奉并愿意站在前沿领导公司向着公司精神、信仰、灵魂前进的人。

请大家记住，如果你以为工资单是唯一可以留住员工的纽带，那么等待公司的将是损失惨重的跳槽和人才流失。所以作为管理者，不能简单而唯一地使用薪水为尺度来体现员工的劳动，一个只以薪水为个人奋斗目标的人，永远不会有真正的成就感，一个只会以薪水为激励手段的组织，永远无法走出平庸。虽然工资是工作的目的之一，但绝对不是全部，从工作中获得的更多的东西并不是装在信封里的人民币——如果你真的忠于你的自我价值，你就会发现：金钱只不过是许多报酬中的一种，与精神、信仰、灵魂相比微不足道的一种。

也请大家记住，当今世界上最成功的公司都是由那些具有超凡能力和独特人格魅力的人所管理的。新类型的成功公司都具有人人皆知的指引性哲学和理念，而且人人都为此做贡献。一个公司更像一个人，它需要有坚强而鲜明的精神去推动，公司的精神化特征越明显，它的穿透力就越强。

比较劣势

首先，船长型管理者容易"绑架"政权、公司、组织。领袖人物的影响力是"无形资产"，如果这种"无形资产"的所有者归于个人而非组织，这对于组织来说是一种巨大的威胁。

其次，船长型管理者容易导致人们因为形成偶像崇拜而失去自我判断力。这与青少年追星行为相似，存在着心智不成熟的嫌疑，这种情况将影响团队的决策质量。

角色进化

高层管理者，位居整个管理层面的最顶层。在公司内部来说，他们是最高管理者，操纵着整个公司运作的根本，有至高无上的权利；对外来说，能保证组织适应外界的市场和社会的变化是他们的义务。组织内的至高权，决定了他有权，能主动选择"所为"和"所不为"；外界社会和市场的变化，要求其行为必须符合自然客观规律。所以，组织最高层的处境与道家研究的哲学对象很接近，组织的最高层应当从道家思想中去学习处世的规律和方法，尝试无为之治，顺万民而立根基，这是管理者的最高境界。

管理的文化差异

通过对管理者的进一步研究，我们发现三种管理习惯分别对应于三种管理哲学。而这三种管理哲学又分别产生于三种文化背景。

博大精深的我国古代哲学思想，是一部充满智慧的宝典，它对我们现代的组织管理，尤其是对有中国社会特点的组织管理有着重要的启迪作用。三种类型的管理者分别对应三种中国古代哲学派别——墨家、法家、儒家。墨家强调力事，法家强调法治，而儒家强调德行。

司机型管理者：墨家文化的实践者

墨家是中国古代主要哲学派别之一，产生于战国时期，创始人为墨翟。墨家奉行严于律己和艰苦实践的入世精神，奉行清修苦行，强调动手实践，在中国历史上传为佳话。力行是墨子非常看重的小我操行，被视作"成为君子的必要条件"。《墨子·修身》中这样说："名不可简而成也，誉不可巧而立也，君子以身戴行者也。"意思是：名望不可能轻易形成，声誉不可能取巧建立，君子身体力行。他一再强调做人既要"志强"，更要"力事"，也就是要亲自参与生产劳动和社会实践。在他看来，一个人，思想主张固然重要，但身体力行地去实践自己的思想主张更为重要。

墨子自己就是一个典型的力行君子，这也是他与先秦诸子最大的一个差别。他完全有理由有条件过安逸舒适的生活，凭他的一身本事，无论是治国的韬略、手工的技艺，还是独一无二的守城之术，都是各诸侯国力邀的大人物。大家知道，墨子在力学方面，先后总结出弹性力学、杠杆定理等规律，这些理论运用于古代坦克——赣车、大炮——籍车、吊杆——桔槔等，应用于军事和生产，泽被后世；在光学方面，墨子的研究涉及物影生成、小孔成像、光线反射、平面镜成像、凹透镜成像、凸面镜成像等方面，几乎包容了光学的各个领域；在几何学方面，他论述了平行的定义、圆的定义、矩形的定义。正是由于有《墨经》的佐证，李约瑟在《中国科学技术史》中明确指出："完全排除任何一种认为中国古代缺乏几何思想的猜测"；在逻辑学方面，率先提出了"辩、类、故"逻辑概念和"本、原、用"推理方法，辩学与古希腊的逻辑体系、古印度因明学一起，构成人类逻辑学的三大起源。

墨子力戒清谈，不仅做到了苦干实干加巧干，而且其忍苦精神，为世人所叹服，已非一般的"身先士卒、艰苦朴素、吃苦耐劳"等词语可以形容——只要"利天下"，哪怕是"摩顶放踵，赴汤蹈刃，死不旋踵"，也要"以自苦为极"，事必躬亲，亲力亲为。《庄子·天下》中这样形容墨家："其生也勤，其死也薄，其道大觳。"大觳，就是太苛刻。在庄子看来，墨子事事身体力行，过于苛刻，所以他又说："墨子虽独能任，奈天下何！"意思是：你墨子能够做到，可别人能做得到吗？

以常人之心观之，庄子所言不是没有道理的。可墨子知道，要想实现兼爱天下、兼利万民的理想，自己不身体力行，是不可能服人的；自己不树立一个标杆，弟子们就没有一个遵循的标准。在"止楚攻宋"的过程中，墨子狂奔十昼夜，脚上起了疱，用粗布裹上继续走，一刻也不敢耽误，不这样，就不能阻止楚国的暴行。

作为一个思想派别，墨家成于实用，也败于实用。由于过度强调实践，以至于退化为一个行动派别。用荀子的话来说，就是："蔽于用而不知文"。墨子的悲哀，不得不说也是司机式管理者的悲哀。

但是，司机型管理者并非一无是处，相反，在当下这个浮躁的社会中，更凸显其时代价值。

力行君子的缺乏在新的世纪仍是一个社会性的忧虑。空想多于实干，务虚多于务实，只说不做，空谈家多，实干家少。许多人有宏伟的抱负，有远大的理想，想起来令人振奋，说起来令人激动，但做起来一事无成。究其原因，除了有外在不可左右的因素外，自己不能做到全力以赴全身心投入，是最重要的内因。

机长型组织家：法家文化的继承人

法家是先秦诸子中对法律最为重视的一派。他们以主张"以法治国"的"法治"而闻名，而且提出了一整套的理论和方法。这为后来建立中央集权的秦朝提供了有效的理论依据，再后来的汉朝继承了秦朝的集权体制以及法律体制，这就是我国古代封建社会的政治与法制主体。

法家文化的集大成者——韩非子，清醒地认识到战国时期"礼崩乐坏"的社会环境下所潜伏的危机，认为法治是挽救危机的唯一途径。韩非子说："夫圣人之治国，不恃人之为吾善也，而用其不得为非也。恃人之为吾善也，境内不什数；用人不得为非，一国可使齐。为治者用众而舍寡，故不务德而务法。"这段话的意思是：圣人治国，不是靠人人为善，而是使人人不作恶。一国之内，自觉为善的人凤毛麟角，但让人人不作恶，却可以实现。治国应当采用大多数人能做得到的措施，不是极少数人才做得到的办法，因此不应当推崇德治，而应当实行法治。

为了佐证自己的观念，韩非子继续说："夫必恃自直之箭，百世无矢；恃自圜之木，千世无轮矣……不恃赏罚而恃自善之民，明主弗贵也，何则？国法不可失，而所治非一人也。"这段话的意思是：依靠自然长直，千年也造不出箭；依靠自然长圆，万年也造不成车轮……虽然也有不靠赏罚就能自行为善的人，但明君并不看重，为什么呢？因为君王所要统治的不是一个人，所以国法不能弃用。

法家把法律的作用解释为二：

第一个作用就是"定分止争"，也就是明确物的所有权。"一兔走，百人追之。积兔于市，过而不顾。非不欲兔，分定不可争也。"意思是说，一个兔子跑，很多的人去追，但对于集市上的那么多的兔子，却看也不看。这不是不想要兔子，而是所有权已经确定，不能再争夺了，否则就是违背法律，要受到制裁。

第二个作用是"兴功惧暴"，即鼓励人们立战功，而使那些不法之徒感到恐惧。

特别值得一提的是，韩非子坚持法律的平等性。他提出"刑过不避大臣，赏善不遗匹夫"，认为只有消除凌驾于法之上的特权，营建平等的环境，才能使法本身得到最大多数人的自觉遵守。这在当时难能可贵。

在旗帜鲜明地提出法治的基本精神之后，韩非子还在操作层面提出了"术"："术者，因任而授官，循名而责实，操杀生之柄，课群臣之能者也，此人主之所执也。"

这段话的意思是：君王的职责是依据才能授予官职，官吏的责任是完成职务所要求的各项工作。这些职务所要求的各项工作已经在法律中明确规定，因此，君王只需要关心官吏是否恪尽职守，完成任务有赏，完不成任务受罚，至于怎样完成工作要求，这是官吏的事情，不需要君主操心。

韩非子特别指出："明主治吏不治民……君不足以遍知臣"。意思是：圣人、明主应当懂得自己是管理官吏而不是平民的……所以应当无为，而群臣应当懂得替皇上无不为，这就是君无为而臣任劳。

韩非子之所以强调"术"，是希望使统治者以真正的"王者"姿态从具体的统治事务中独立出来，而不是身陷琐碎事务之中不能自拔。这其实就是现代管理所谈的岗位职责与绩效考核、奖惩制度，是一种实实在在的现代组织管理技术。

法家重视法治，强调绝对化的法的价值，而全盘否定儒家的"礼"，舍弃德治。我们知道法作为一种社会现象不是从来就有的，是人类社会发展到一定历史阶段才出现的，这就决定了法本身的局限性。诚然，法作为人类阶级社会的调节器具有其不可替代的重要作用，但把它的作用加以无限扩大，就会产生负面作用。比如，涉及人们思想、认识、信仰等领域就不能用法调节，因为人是理性的动物，他有自己的是非善恶评价标准，而这些东西无法用法律强制。又如生活中的一些小问题，不宜采用法律手段，而应用道德来约束，给人们一个自我约束的空间，这是人类精神生活的一个重要方面。所以，法家思想的局限性也成为机长型管理者的短板。

但是无论如何，法家思想对于后世产生了巨大影响，特别是后来的"儒法并施""德法同治""阳儒阴法"等观点和措施，维护了中国一代又一代帝国的强盛，也成就了一批又一批的杰出管理者——贤臣良相。

总的说来，以"法、势、术"为核心的法家思想对于现代管理的启迪在于：依靠管理制度，配以管理权威，佐以管理技术，实现组织的高效管理。

船长型组织家：儒家文化的传道士

儒家学说是中国传统文化的主流，其主要内容我们可称为德治思想。儒家认为，无论人性善恶，都可以用道德去感化教育人。德治就是主张以道德去感化教育人。这种教化方式，是一种心理上的改造，使人心良善，知道耻辱而无奸邪之心。作为传统思想，儒家的德治思想不仅因其主导了中国封建社会而具有历史价值，而且它根植于我国的传统文化之中，影响着我们的现代生活。

儒家德治思想的基本内容，包括德制、德政和德行三个方面

德制

任何统治阶级为了保障自己的思想能够顺利实施、传承下去，必须把它贯穿于一套完整的制度中。而先秦儒家的德制最

初起源于"礼"。"礼"最早只是在祭神活动中存在，随着社会的发展，这种礼节逐渐被完善、演绎为一套用以规范人们行为的政治法则。礼就可以被看作为维护统治者的统治而制定的一套完整制度，以维护社会秩序的稳定。

德政

为政以德

子曰："为政以德，譬如北辰，居其所而众星共之。"意即统治者若能把德作为治国的基本理念和原则，国家的秩序就会像天上的星体那样有序和谐。由此可见，儒家特别强调统治者的道德品质。

以德化民，仁政爱民

孔子鲜明地提出了体现人道主义精神的"仁爱"学说。"民为贵，社稷次之，君为轻"的论点，充分体现了儒家以民为本的重民思想。

尚贤弃奸

"无德不贵，无能不官。"意思是：无德之人不能让他富贵，没有才能的人不能让他做官。因此，任人唯贤也是儒家治国思想中重要的一部分。

治国之道，贵在修身

儒家认为修养的目的在于：一是完善自身，养成理想人格，即儒家之所谓"内圣"；二是通过修身达到治国平天下，即儒家之所谓"外王"。统治者只有具备了这些"内圣"的条件，"外王"才有了内在的基础。

德行

"德主刑辅"思想的基本精神可以归结为：以德治为主，刑罚为辅；以德去刑，以刑促德。所谓"道之以政，齐之以刑"。

德治思想的理论假定

中国传统文化中包含着一个值得注意的假定，那就是认为"人皆可为圣人"，即人具有善的道德本性。虽然人的气质禀赋有所不同，但"为仁由己""圣人与我同类者""人皆可以为尧舜"。

正是有了这一理论假定，才能够设计出"内圣"与"外王"的治国理念，即以圣人之德施王者之政。内圣是外王的基础，是立足点、出发点和本质所在，因此才有修身、齐家、治国、平天下之逻辑。

儒家的人性本善论虽然不是一种科学理论，但它是一种不错的理论假设。因为它相信人民群众与社会的统治者一样具有自我组织、自我管理、自我修正、自我改造、自我提高的能力，它相信人类可以凭借普遍的道德觉悟，建立一个符合正义的政治秩序。以人性本善论作为理论基础的德治理念，从根本上说，是反对拿民众当敌人来防范、当奴隶来驱使的。

"德治"思想的借鉴价值

今天我们站在马克思主义历史唯物主义的立场上，对儒家"德治"思想进行辩证的分析，就会发现现在我们提出的"以德治国"思想正是对德治传统的批判性继承。儒家"德治"思想对今后我们治企之道同样具有重要的借鉴价值。在这种管理思想下，管理者通常被认为是道德的先觉者，他们靠自己对道德的领悟，靠爱利民众的行为，靠对于大众的教化，实现管理或者统治，这就是所谓的"王道""德政"，与所谓的"霸道""暴政"相对立。

孔子特别强调道德的作用，但并不排斥法治。孔子讲为政要"宽猛相济"。"宽以济猛，猛以济宽，政是以和。"他只是倾向于德主刑辅而已。因此，我们可以这样说，法治治身，德治治心；法治治近，德治治远；法治禁恶于已然之后，德治治恶于将然之前。这两种管理方略犹如鸟之两翼、车之两轮，不可偏废。

三种管理者的时空配置

儒家、法家与墨家都对组织管理提出了自己的解决方案。儒家遇到问题时，更强调德治，所以才有修身、齐家、治国、平天下之说，而修身是平天下的前提；法家遇到问题时，喜欢从法治中寻找答案，一切以结果为导向，通过强硬手段来实现管理目的；墨家遇到问题时，特别强调：我来。

举一个例子来说明三者处理问题的不同之处。当组织中有两名员工闹矛盾时，儒家的解决方法是，领导先自责一番，没有给他们起到好的带头作用，然后给两名员工做思想工作，告诉他们应当提高修养；法家则根据规章制度来进行惩罚，如果给组织带来危害，还要进行严惩；墨家的做法是：不管是谁的事，我首先把事做完。三者之间的不同，主要源自他们对"人"的观点不同——儒家把人当成所要实现的目标本身，法家把人当成受目标约束的人，而墨家把人当成实现目标的工具。

不同的管理思想所决定的不同的管理风格，在组织的时空中如何实现科学配置？

在组织的时间中，司机型管理者适应于组织的创建阶段；机长型管理者适应于组织的发展阶段；船长型管理者适应于组织的成熟阶段。这一点已经在前面加以阐述，不再重复。

其实，在一个组织的空间中，三种管理风格在不同的管理层次上，各有价值。基层需要司机型管理者，中层需要机长型管理者，高层需要船长型管理者。

在组织的空间中，司机型管理者的实用价值无疑在于基层。基层员工，是组织决策的具体执行者，而基层干部就是执行的组织者和监督者，基层干部的身先士卒、率先垂范，对于执行到位不到位、彻底不彻底具有举足轻重的影响。所以对于基层管理者应该用墨家思想进行教化。

在组织的空间中，机长型管理者，最适合的层级在于组织的中间层。这是个承上启下的阶层，从高层来看，中层是执行者，从基层来看，中层是领导者，他的职责是把高层的意志，通过自己的工作，变为基层的行为，所以他的工作，就是从"思想"到"行为"的质变过程。以自己的"点"同化所有下属的"面"，制度无疑是一条捷径，因为在制度的格式化下，员工可以成为一个"AUTO 飞行器"。所以中层管理者要用法家思想，绝不动摇地按规则办事、按规律办事，这样，组织管理才能井然有序。

在组织的空间中，船长型管理者处于组织的高层，把握大的方向与趋势，所以应该奉行儒家思想，担负起启发、教育的职责。

如果三种类型的管理者在空间上的分布出现颠倒，结果会如何？

如果高层奉行法家思想，组织中就会出现制度取代情感；如果奉行墨家思想，高层就会很累，就没有理由"不为"。

中层如果奉行儒家的思想，过分强调"仁"，组织就会丧失执行力；如果奉行墨家思想，基层的积极性又会被削弱。

　　基层管理者，如果奉行儒家思想，就会使员工变成"只会念不会干"的"秀才兵"；如果奉行法家，又造成管理的冷漠化，疏远与员工的感情纽带。

　　以下我们系统分析了司机型、机长型、船长型管理者不同的管理哲学、管理风格，以及在组织时空中的配置。不同类型的管理者都存在着进化的客观需要，以克服管理类型所决定的管理缺陷。管理者应当清楚你是什么类型的管理者，更应当清楚你所处的组织时空需要什么类型的管理者，然后有的放矢地完成管理者转型，这于自己、于组织都是一种具有积极意义的进化。